# Inglaterra medieval

*Una guía fascinante de la historia inglesa en la Edad Media, que incluye eventos como la conquista normanda, la peste negra y la Guerra de los Cien Años*

© Copyright 2020

Todos los derechos reservados. Ninguna parte de este libro puede ser reproducida en ninguna forma sin el permiso por escrito del autor. Los revisores pueden citar breves pasajes en las reseñas.

Descargo de responsabilidad: Ninguna parte de esta publicación puede ser reproducida o transmitida de ninguna forma o por cualquier medio, mecánico o electrónico, incluyendo fotocopias o grabación, o por cualquier sistema de almacenamiento y recuperación de información, o transmitida por correo electrónico sin permiso por escrito del editor.

Si bien se han realizado todos los intentos de verificar la información proporcionada en esta publicación, ni el autor ni el editor asumen ninguna responsabilidad por errores, omisiones o interpretaciones contrarias del objeto del presente documento.

Este libro es solo para fines de entretenimiento. Las opiniones expresadas son las del autor por sí solas, y no deben tomarse como instrucciones o comandos expertos. El lector es responsable de sus propias acciones.

La adhesión a todas las leyes y regulaciones aplicables, incluidas las leyes internacionales, federales, estatales y locales que rigen las licencias profesionales, las prácticas comerciales, la publicidad y todos los demás aspectos de hacer negocios en los EE. UU., Canadá, Reino Unido o cualquier otra jurisdicción es responsabilidad exclusiva del comprador o lector.

Ni el autor ni el editor asumen responsabilidad alguna en nombre del comprador o lector de estos materiales. Cualquier leve percibido de cualquier individuo u organización es puramente involuntario.

# Tabla de contenidos

INTRODUCCIÓN ................................................................................. 1
CAPÍTULO 1 - LA PROVINCIA ROMANA ...................................................... 4
CAPÍTULO 2 - LA INVASIÓN ANGLOSAJONA ............................................. 13
CAPÍTULO 3 - CRISTIANISMO EN LA INGLATERRA ANGLOSAJONA . 25
CAPÍTULO 4 - ATAQUES VIKINGOS ........................................................... 31
CAPÍTULO 5 - INVASIÓN NORMANDA ....................................................... 46
CAPÍTULO 6 - LAS CONSECUENCIAS DE LA CONQUISTA NORMANDA ................................................................................................ 60
CAPÍTULO 7 - CARRERA POR EL PODER .................................................. 67
CAPÍTULO 8 - ENRIQUE II ........................................................................... 80
CAPÍTULO 9 - RICARDO Y JUAN ................................................................ 91
CAPÍTULO 10 - BAJA EDAD MEDIA Y LA PESTE NEGRA ..................... 101
CAPÍTULO 11 - LA GUERRA DE LOS CIEN AÑOS .................................. 111
CAPÍTULO 12 - LA GUERRA DE LAS DOS ROSAS, EN FINAL DE UNA ERA ................................................................................................................ 120
REFERENCIAS ............................................................................................. 124

# Introducción

La historia medieval de la Inglaterra comienza con la caída del Imperio romano en el siglo V. Sin embargo, es necesario que se familiarice brevemente con la historia de los territorios ingleses bajo el mandato de los romanos, ya que tuvieron una enorme influencia sobre el desarrollo de la sociedad, la religión y el estado inglés. Tras la caída del Imperio Romano se produjo un colapso de la economía que condujo al abandono de muchas ciudades y pueblos. Después de los romanos, las tribus germánicas dirigieron su atención hacia Inglaterra, donde no solo vieron la oportunidad de saquear, sino que también se percataron de las tierras fértiles que había para habitar. La nueva identidad de Inglaterra surgió de la inmigración germánica. Las culturas comenzaron a mezclarse, y surgió una identidad única para los reinos de Inglaterra. El arte floreció bajo el dominio anglosajón, se escribieron poemas como *Beowulf* y se transformó la metalurgia, que pasó de ser un arte simple a uno sofisticado. A pesar de que el cristianismo había estado presente en Inglaterra desde la época romana, los anglosajones se convirtieron alrededor del siglo VII y construyeron numerosos monasterios e iglesias. Estos monasterios tenían riquezas con forma de reliquias de plata y oro. Los vikingos se sintieron atraídos y los asaltaron regularmente. La lucha con los daneses duró varias décadas. Acabó con el surgimiento de Wessex como el reino anglosajón más poderoso y la creación de una identidad inglesa unida. A pesar de la transferencia de poder de los anglosajones a los daneses, Inglaterra emergió como un reino europeo muy poderoso del siglo XI, militar y económicamente próspero.

En el siglo XVII, la élite anglosajona fue completamente reemplazada por los invasores normandos. Guillermo el Conquistador y sus sucesores trajeron novedades a Inglaterra, como castillos y caballería. Retuvieron la antigua administración inglesa, ya que estaba más desarrollada que la de Normandía. El idioma francés y la nobleza eran comunes en la corte real inglesa, y los reyes tenían su ascendencia en Francia. Por lo general, crecieron y fueron educados en Francia, algunos de ellos pusieron un pie en suelo inglés por primera vez solo después de ser proclamados reyes. La población de Inglaterra se duplicó durante los siglos XII y XIII. Las ciudades comenzaron a crecer y las aldeas se expandieron, el comercio estaba en auge y la economía era estable. Sin embargo, no todo iba bien en el reino. Los reyes a menudo chocaban con la Iglesia en una lucha por el poder, que condujo a una serie de reformas eclesiásticas. El gobierno y la ley inglesa se desarrollaron rápidamente bajo el dominio anglonormando, pero los constantes combates entre los barones de Inglaterra llevaron a levantamientos, guerras civiles y la pérdida de Normandía.

La última fase de la Inglaterra medieval comenzó con la gran hambruna y la peste negra en el siglo XIV, cuando se perdieron millones de vidas, lo que provocó que Inglaterra perdiera la mitad de su población. La economía era un caos, y el viejo orden político se estaba desmoronando. A medida que el pueblo expresaba su insatisfacción se produjeron más levantamientos y revueltas. La vida de un plebeyo se trasladó de las aldeas a las ciudades, donde esperaban nuevas oportunidades. Se introdujeron nuevas tecnologías, que permitieron a las personas reunir conocimientos y habilidades.

En este período, muchos filósofos y curanderos surgieron en Inglaterra, así como artistas, comerciantes y artesanos.

A finales del siglo XIV y principios del siglo XV, los reyes ingleses reclamaron el trono francés, llevando así a su reino a la guerra de los Cien Años con Francia. Inglaterra era fuerte militarmente, y el comienzo de la guerra iba bien. Parecía que la suerte también estaba de su lado ya que el rey francés, Carlos VI, se volvió loco, dejando a su país al borde de una guerra civil. Enrique VI incluso fue coronado siendo bebé como el rey de Francia, aunque el título fue disputado. Sin embargo, en 1450 Inglaterra estaba una vez más en crisis. La larga guerra fue agotadora, tanto financiera como moralmente. Le siguieron más disturbios sociales, y se acabó con la guerra de las Dos Rosas en la que lucharon los nobles y señores feudales rivales de Inglaterra. El final de la Edad Media comenzó con esta guerra y la victoria de Enrique VII en 1485.

# Capítulo 1 – La provincia romana

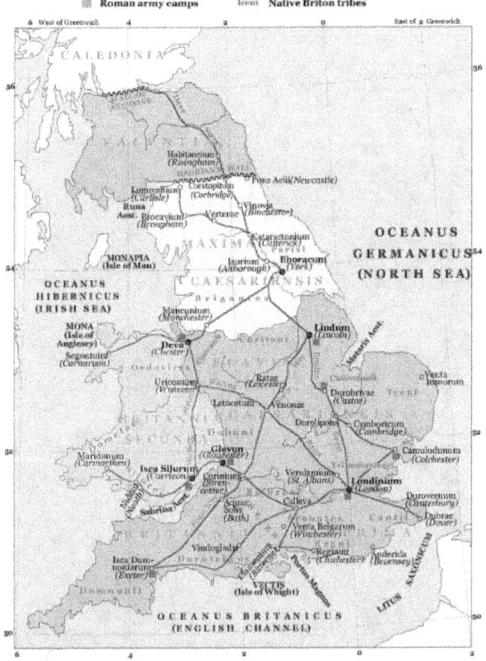

*Inglaterra bajo el control de Roma*

https://en.wikipedia.org/wiki/Roman_Britain#/media/File:Roman_Britain_410.jpg

Ya en el año 55 a. C., las islas británicas eran de enorme interés para Cayo Julio César, procónsul de la Galia. Dos aspectos convertían a Gran Bretaña en un lugar extremadamente interesante para los romanos. Por un lado, ya eran socios comerciales, y gran parte del dinero potencial ya estaba en las islas, ya que eran ricos en metal y tierras de cultivo. En segundo lugar, algunas de las tribus británicas se habían aliado con los galos del norte, que César ya estaba tratando de someter. Su visita a las islas británicas fue inminente, y más tarde, se convirtió en una invasión. La primera visita no fue un éxito para César. Desconocía la hostilidad de los líderes tribales, que aprovecharon la primera oportunidad para romper sus votos de paz. También perdió muchos barcos debido a un clima impredecible, y se vio obligado a retirarse a Roma. Solo un año después volvería, esta vez preparado. Una invasión a gran escala estaba en curso, y César trajo consigo 800 barcos, 25.000 unidades de infantería y 2.000 unidades de caballería. Las tribus británicas se unieron contra la amenaza romana y eligieron a un líder para gobernarlas. Era conocido como Casivelono, rey de los territorios que yacen al norte del río Támesis.

César tuvo que admitir la valentía y el coraje que mostraron los británicos. Su ejército estaba formado por infantería, caballería y carruajes. Los carros británicos tenían el propósito de llevar a los guerreros al frente de la batalla, luego retirarse y esperar a que los guerreros regresaran y fueran llevados donde la batalla los necesitara. César admiraba la habilidad de los conductores de carros que podían controlar sus caballos incluso cuando el terreno tenía inclinaciones extremadamente pronunciadas. Los romanos resistieron los ataques de los británicos gracias a su disciplina y a la voluntad de hierro de sus comandantes. Después de numerosas batallas, los británicos comenzaron a retirarse, pero César siguió. La persecución fue ejecutada con tal determinación que Casivelono tuvo que capitular, y su bastión fue destruido en el proceso.

A pesar de que César se retiró después de rendir tributo y dejar algunos prisioneros, comenzó la lenta romanización de Gran Bretaña. Los hogares de los ricos y los nobles comenzaron a tomar la forma rectilínea romana en lugar de la forma circular habitual. Los productos romanos fueron importados al sur de Gran Bretaña, mientras que los líderes de la guerra disfrutaban del vino romano. Algunos de los gobernantes tribales se convirtieron en clientes de los gobernantes de Roma y a menudo eran enviados a Roma para rendir un homenaje al emperador. Todos querían imitar a los romanos victoriosos, y las viejas formas de vida comenzaron a declinar.

Pero los propios romanos no regresaron durante casi un siglo, cuando, finalmente, el emperador Claudio decidió atacar, ya que deseaba prestigio y gloria militar. La oportunidad se mostró cuando algunas de las tribus británicas invitaron a los romanos a ayudarlas a lidiar con sus vecinos hostiles. En su lugar, Claudio envió dos ejércitos diferentes que desembarcaron en dos lugares separados en las islas británicas, confundiendo así a los británicos. Estos ejércitos estaban formados por cuatro legiones que, en total, contaban con alrededor de 20.000 hombres. Las tribus británicas se dispersaron frente al ejército romano, pero se reunieron y se unieron para una gran batalla en Medway (43 d. C.) en el sureste de Inglaterra. Esta batalla es una de las más importantes de la historia inglesa, pero no se conoce su lugar preciso. Duró dos días, y las fuerzas británicas lideradas por Togodumnus y Caratacus fueron derrotadas. Claudio llegó con veintiocho elefantes y asaltó la capital de Camulodunum (Colchester), declarando la victoria. Sin embargo, los siguientes cuarenta años tardaron en lograr la conquista completa de las islas británicas.

Los romanos avanzaron en tres direcciones desde Camulodunum, ciudad que declararon su nueva capital regional. Vespasiano lideró los ataques hacia Gales y tuvo que librar un total de treinta y tres batallas antes de, finalmente, capturar Somerset para que los romanos pudieran comenzar sus operaciones mineras allí. Las otras dos operaciones, en el norte y el noroeste, fueron dirigidas contra las tribus. En cada asentamiento importante construyeron un bastión y dejaron una pequeña presencia militar romana. Los historiadores romanos describieron la colonización de Gran Bretaña como suave, pero las rebeliones tribales y los motines ocurrían a menudo. Era común experimentar incursiones, emboscadas y pequeñas batallas por todas partes. Las tribus británicas no estaban unificadas en este momento; algunos lucharon contra los romanos, mientras que otros se convirtieron en sus aliados. Algunas tribus británicas libraron guerras entre ellos sin ninguna influencia romana.

Gran Bretaña fue militarizada bajo el liderazgo romano, y el país tomó una nueva forma. Se construyeron fortalezas permanentes en York y Chester, y cada una albergaba una legión romana. Las ciudades de Manchester y Newcastle también fueron construidas alrededor de esos fuertes. Los romanos construyeron caminos rectos que unían estos fuertes y aseguraron la comunicación entre las legiones. Lincoln y Gloucester se convirtieron en ciudades de residencia para los legionarios retirados. Gran Bretaña se convirtió en una vasta red de fuertes, muros defensivos, torres de vigilancia y campamentos, todos unidos por una serie de carreteras. El proceso de construcción que Roma emprendió en Gran Bretaña no fue tan sencillo como se esperaba. Roma gravaba mucho a los ciudadanos y se llevó sus granos. No era raro incluso esclavizar a poblaciones enteras para trabajar en estos proyectos de construcción. Las tribus locales se rebelaron bajo el duro gobierno de Roma.

Sin embargo, los legionarios se integraron lentamente en la sociedad británica. Primero, fueron transferidos directamente desde Roma. Más tarde los soldados fueron reclutados de otras zonas conquistadas como España o Alemania. Al final, la población local comenzó a unirse a las legiones, y al cabo de unas pocas generaciones, el ejército se ubicó por completo. El Imperio romano detuvo su extensión en los territorios británicos, y para defenderse de las incursiones de británicos y pictos, se construyó el muro de Adriano. Se cultivaron todas las tierras al sur de la muralla, y se desarrolló un extenso sistema agrícola. Gran Bretaña se convirtió en una provincia romana rica y productiva digna de inversión.

Los hijos de la élite británica eran a menudo enviados a Roma para recibir educación, mientras que sus padres comenzaron a vestirse de manera romana para mostrar su estatus. Hablaban latín y comenzaron a construir plazas públicas, templos y otros edificios como lo hicieron los romanos. La nueva organización del país bajo influencia romana también afectó al gobierno. Las regiones tribales se separaron en distritos, o *civitates*. Las antiguas capitales tribales (*oppidum*) se convirtieron en centros de *civitates,* y fueron reconstruidas en piedra en lugar de madera. El propio gobierno estaba controlado por un consejo, o c*uria,* de los principales terratenientes. Cada ciudad tenía su propio consejo y empleaba a trabajadores y a otros funcionarios seleccionados entre los ciudadanos educados. Los antiguos lazos tribales de los asentamientos se habían convertido lentamente en relaciones económicamente dependientes, pero este cambio cultural tuvo lugar solo en las ciudades. Las aldeas estaban mantenían en su mayoría las antiguas costumbres y religiones de la Edad del Hierro. Algunos de los líderes tribales decidieron permanecer fieles a las viejas costumbres, y construyeron fortalezas en la montaña según la tradición cultural británica. Las granjas británicas también experimentaron cambios graduales, pero constantes, bajo influencia romana. Las casas de campo de madera ahora eran construidas con piedra y a menudo decoraban las paredes con pinturas. Los baños de estilo romano también se convirtieron en las granjas. Los graneros fueron construidos primero de madera, pero también gradualmente cambiaron a piedra. Los hornos se utilizaban en las granjas no solo para cocinar, sino también para secar alimentos para el ganado. Algunas granjas más grandes también tenían su propio herrero o alfarero. Pero en cuanto a la agricultura, nada cambió, y no lo había hecho desde las Edades del Bronce o del Hierro. Los romanos introdujeron nuevas frutas y verduras en granjas británicas, como higos y cerezas, nabos, coles y guisantes, pero a diferencia de los romanos, los nativos todavía preferían la carne de res sobre la carne de cerdo.

En el año 359, Gran Bretaña se convirtió en el granero de Europa con sus granjas modernizadas y fincas imperiales que se numeran en cientos. Algunos generales legionarios prominentes trataron de proclamarse emperadores de Gran Bretaña y declarar la independencia de Gran Bretaña, pero Roma no lo permitió. En cambio, Roma envió ejércitos para recuperar su próspera provincia. Gran Bretaña alcanzó su punto álgido de prosperidad durante el siglo IV y fue una tierra por la que valió la pena luchar. Los romanos gobernaron Gran Bretaña durante 350 años, pero hay muchas incógnitas sobre este período. Los historiadores se basan principalmente en las escrituras y los textos romanos, que a menudo son sesgados. Los romanos también tenían la notoria costumbre de cambiar el idioma y latinizar los nombres de las ciudades, así como de las personas, lo que hace aún más confuso para los historiadores y arqueólogos hacer una distinción precisa entre las pruebas británicas y romanas.

También hay muchas incógnitas en la difusión del cristianismo en toda Gran Bretaña. Los historiadores están seguros de que el cristianismo fue introducido en algún momento del siglo II. Aun así, era una religión minoritaria practicada por pequeños grupos de personas, y al principio no tenía mucha influencia en la sociedad. Las familias británicas latinizadas respetaban el panteón romano, mientras que los británicos de la Edad de Hierro adoraban sus propias deidades paganas. Sin embargo, una excavación de un cementerio cristiano cerca de Dorset que data del siglo III muestra que esta religión comenzó a extenderse. Algunos objetos cristianos fueron encontrados en Huntingdonshire, cerca del río Nene. Cuando Constantino el Grande se convirtió al cristianismo en el año 312, esta religión se convirtió en sacerdotal en toda Gran Bretaña. Constantino fue coronado emperador en York en el año 306, y consideró Gran Bretaña uno de los centros religiosos de su imperio. Realizó tres visitas más a la provincia de Gran Bretaña durante su reinado. En su honor, Londres fue renombrado Augusta en un momento. La población romanizada de Gran Bretaña se adaptó rápidamente al cristianismo y estableció centros de fe en sus ciudades y pueblos, donde los obispos se encargaron de la conversión del resto de la población. Casi no hay excavaciones de las primeras iglesias cristianas o catedrales de los siglos III y IV. Esto se debe a que los primeros lugares sagrados de toda Gran Bretaña todavía se consideraban sagrados, y las iglesias modernas se estaban construyendo sobre los cimientos de los antiguos. Para excavar los antiguos santuarios, uno tendría que destruir las casas de culto existentes que todavía se utilizan hoy en día.

A principios del siglo V, una guerra civil entre pretendientes al trono imperial llevó a Gran Bretaña a perder repentinamente la atención de Roma. La administración que había empujado al país se desmoronó. En el año 408, las tribus de escoceses y pictos del norte atacaron. Los visigodos ya estaban asentados en Aquitania y los francos entraron en el norte de la Galia. Los británicos tuvieron que defenderse sin la ayuda de Roma. Consiguieron defenderse de los ataques bárbaros, pero no se detuvieron ahí. Expulsaron a los gobernadores romanos e iniciaron su propia administración. Pero no todos los británicos querían que Roma se fuera. En el año 410, un grupo de nobles británicos pidió al emperador romano que enviara un ejército. No está claro si necesitaban ayuda contra los asaltantes sajones u otros grupos británicos. El emperador Honorius contestó que, a partir de ese momento, Gran Bretaña tenía que defenderse sola. Este fue el fin efectivo del dominio romano sobre Gran Bretaña.

Grandes familias de terratenientes y descendientes de antiguos líderes tribales llegaron al poder una vez más y ocuparon los asentamientos romanos, fuertes y villas ahora abandonados. Los británicos romanizados fundaron sus propios reinos y continuaron trabajando bajo la conocida administración romana. Estos reinos a menudo tenían que depender de mercenarios para defenderse. Los reinos del este de Gran Bretaña utilizaron mercenarios germánicos, algo que resultaría ser un problema más adelante en la Inglaterra medieval.

Como ya no tenían impuestos para pagar a Roma, las aldeas y granjas estaban ahora controladas por una aristocracia de ricos terratenientes. La demanda de diversos productos como la cerámica ya no existía, y muchos fabricantes estaban fuera del negocio. Villas y otras construcciones fueron descuidados, y la fabricación de ladrillos no regresó a Gran Bretaña hasta el siglo XV. Sin embargo, las ciudades no cayeron en mal estado. Cambiaron su función. La era de las exhibiciones públicas había desaparecido. Las ciudades seguían siendo el principal centro de administración y tenían un obispo y un líder de la ciudad. Muchos edificios romanos fueron convertidos en centros artesanales de materiales como el metal o el cuero. El comercio se volvió más localizado, y tuvo que ser autosuficiente porque toda la exportación de bienes al Imperio romano se había detenido. La población comercial de las ciudades nunca se fue, y continuaron prosperando dentro de sus muros. El Imperio Romano abandonó su provincia de Gran Bretaña, pero antes de irse, sentó las bases para una sociedad futura. La influencia de Roma permaneció presente en toda la Inglaterra medieval a través de su comercio, el ejército y la administración.

Gran Bretaña estaba sola; la gente tenía que aprender a vivir sin el apoyo constante de Roma. Recientemente desprotegida, Inglaterra era un blanco fácil para los sajones, que los invadirían más tarde. Pero esta invasión nunca fue tan repentina o abrumadora como la historia sugirió por primera vez. Los sajones ya estaban en Gran Bretaña durante el siglo III. Formaban parte de la vida británica como mercenarios empleados que defendían las fronteras de los reinos. Muchos comerciantes que vivían en ciudades británicas eran sajones que seguían a sus familias militares. Ya habían pasado generaciones en Gran Bretaña, ya que algunas familias militares tenían tierras para trabajar, especialmente alrededor de Kent.

Para discernir entre los varios grupos de personas que habitaron Gran Bretaña y a menudo se llaman británicos, lo mejor es prestar atención a sus nombres propios. Hay un consenso común para llamar a todos los británicos nativos de la Edad de Hierro los "*britones*". Todos hablaban celta y gaélico. Los nativos británicos que vivían en el sur y el este del país estaban en los territorios habitados por los sajones, y su nombre proviene de uno de los grupos colonos sajones, los anglos, la morada que los vikingos llamaron más tarde las "tierras de Engla". Este nombre pasó a ser el dominante y finalmente tomó su forma moderna, Inglaterra.

# Capítulo 2 – La invasión anglosajona

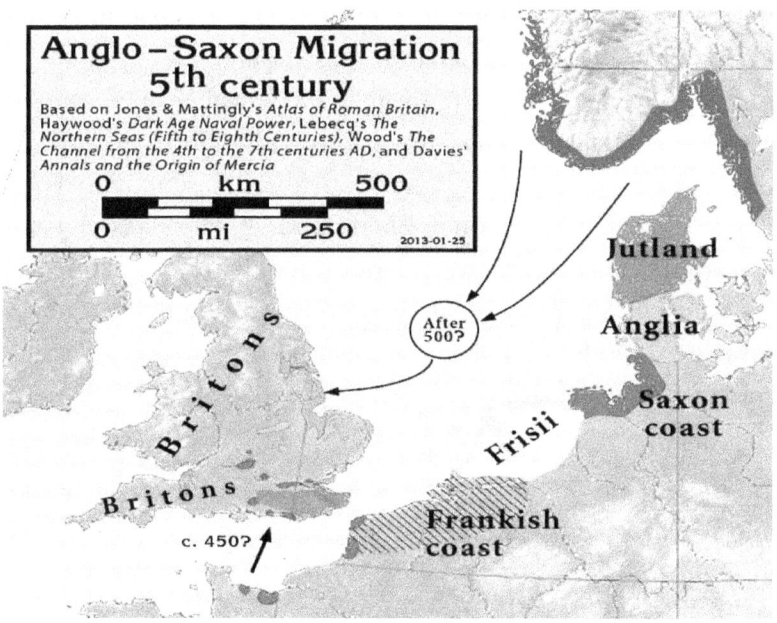

*Posibles rutas migratorias anglosajonas*
https://en.wikipedia.org/wiki/Anglo-Aaxon_settlement_of_Britain#/media
/File:Anglo.Saxon.migration.5th.cen.jpg

La *Crónica anglosajona* habla de mercenarios enviados a Gran Bretaña para ayudar a un tal "Wyrtgeorn" a luchar contra los invasores escoceses y pictos. El término "Wyrtgeorn" significa señor supremo. No es un nombre personal, pero hay evidencias de que las crónicas lo mencionan en el contexto de una persona. La evidencia galesa, por ejemplo, habla de Vortigern "de la boca repulsiva" al mencionar los mismos acontecimientos descritos en la *Crónica anglosajona*. Los historiadores tienen una base firme para creer que Vortigern era un líder de una confederación de pequeños reinos que surgió después de que el gobierno romano de Gran Bretaña hubiera terminado.

Vortigern llamó a mercenarios sajones para ayudar a luchar contra los invasores de Escocia e Irlanda. El hábito de contratar mercenarios era un legado romano, por lo que no era nada nuevo o inusual para la Gran Bretaña de principios del siglo V. Los mercenarios sajones eran especialmente conocidos por su valor y ferocidad cuando se trataba de la batalla. Una de las tácticas que usaban para asustar a sus enemigos era afeitarse la parte delantera del cuero cabelludo y dejar crecer el pelo largo a la espalda para que sus rostros se vieran más grandes y feroces. Los sajones estaban ubicados en su mayoría en Kent, pero también ocuparon la isla de Thanet, en la ría del Támesis. El gran número de mercenarios sajones que llegaron a Gran Bretaña fueron suficientes para persuadir a los invasores de detener el ataque y retirarse. Cuando el peligro de invasión pasó, los mercenarios esperaban que se les pagara por su trabajo.

Los aliados de Vortigern, al ver el coste de este ejército sajón, decidieron que no podían pagar y no lo harían. También se negaron a abandonar la tierra a cambio de no pagar a los ejércitos. La copia Kentish de la *Crónica anglosajona* afirma que los gobernantes del reino declararon que no necesitaban ayuda sajona y que los mercenarios debían irse sin pago, ya que no podían alimentar a su creciente número. Los mercenarios, que se encontraron sin comida, ropa o dinero en Gran Bretaña, fueron empujados a una reacción inmediata y fuerte. Primero, comenzaron a rebelarse en Anglia

Oriental, donde la insurgencia se extendió hasta el valle del Támesis. Los sajones se apoderaron de algunas ciudades y pueblos, y establecieron el dominio en áreas que antes estaban habitadas por ellos. Se apoderaron de grandes propiedades y esclavizaron a los británicos nativos que sobrevivieron a sus ataques. Los territorios que tomaron eran un premio, rico en tierras cultivadas, y la isla de Thanet era muy productiva, valía la pena conquistarla. Después de establecer su dominio sobre las tierras, los sajones hicieron un llamado a su patria para que sus compatriotas vinieran y se establecieran en Gran Bretaña, ya que los nativos eran fáciles de someter.

Las tribus germánicas del mar del Norte seguían llegando y estableciéndose en Gran Bretaña. Las cuatro tribus predominantes de estos recién llegados eran: los anglos, cuyos orígenes estaban en Schleswig (Alemania), los sajones de las tierras alrededor del río Elba, los frisones de las costas septentrionales de los Países Bajos, y los jutos de Dinamarca. Los anglosajones no existieron como grupo hasta el siglo VI, cuando los cronistas necesitaban un solo nombre para unir a estos colonos. Los jutos ocuparon Kent, Hampshire, y la isla de Wight. El valle del Támesis superior pertenecía a los sajones. Los frisones estaban esparcidos por todo el sureste de Inglaterra, pero también tuvieron un papel importante en Londres. Los anglos se establecieron en las partes oriental y noreste del país. Algunas de las tribus fueron recibidas en sus asentamientos y no tuvieron que luchar por el derecho a trabajar la tierra o al comercio en las ciudades. A otros se les negó violentamente el acceso a los territorios, y tuvieron que librar una guerra. La evidencia genética moderna de la población revela que en el siglo VI, los sajones representaban solo el cinco por ciento de la población. En algunas regiones del norte, este número subió al diez por ciento. Las evidencias sugieren que nunca trataron de reemplazar a toda la población de ciertas regiones, y nunca cometieron genocidio, incluso en partes donde tuvieron que luchar por su derecho a establecerse.

Los sajones llegaron a Inglaterra en el momento de las grandes migraciones de esa época. Fueron empujados por otras tribus y pueblos que se mudaron debido al cambio climático. Este mismo cambio climático amenazó con sumergir las tierras sajonas bajo el mar.

Vortigern sufrió un golpe a su autoridad cuando los sajones se rebelaron, y otro líder británico romanizado, Ambrosio Aureliano, lo derrocó. Ambrosio fue una figura histórica a veces descrita como el último gobernante romanizado, pero su carácter se desarrolló aún más en los mitos y leyendas británicas. Se cree que es el tío del legendario rey Arturo, un hermano del padre de Arturo, Uther Pendragon. Incluso se llegó a identificar con el gran mago Merlín.

Un monje británico del siglo VI, Gildas el Sabio, escribió que Ambrosio nació en una casa noble, pero sus padres fueron masacrados durante los ataques iniciales de los sajones, en los primeros días de la invasión. Posiblemente era cristiano. Como escribe Gildas, ganó sus batallas con la ayuda de Dios, pero podría ser que la religión del monje influyera en sus palabras.

Ambrosio luchó contra los sajones durante diez años, participando en una serie de batallas para intentar expulsarlos de las costas de Inglaterra. Aproximadamente en el año 500 d. C., hubo una gran batalla entre los nativos británicos y los sajones, conocida como la batalla del Monte Badon. Los detalles de la batalla son desconocidos, como se menciona por primera vez en escritos del siglo VI. La batalla podría ser parte de la resistencia organizada por Ambrosio para repeler a los sajones invasores. La ubicación de la batalla, así como el año exacto en que ocurrió, aún se desconoce. Documentos del siglo VI y posteriores del siglo VIII mencionan a Ambrosio, pero nunca directamente en relación con la batalla en sí. No hay nombres de caudillos británicos o sajones en ninguno de los textos que sobrevivieron hasta el siglo IX; que Ambrosio participara en la batalla es solo una suposición.

La *Historia Brittonum* del siglo IX es el primer documento que menciona a Arturo relacionado con la batalla del Monte Badon. Se le menciona solo como un soldado, no como un rey, que lideró a los británicos nativos, y fue elogiado por la victoria. La *Historia Brittonum* data del año 828, pero su autor es desconocido. Algunos historiadores coinciden en que la obra debe ser tratada como una compilación de historia y mitos escrita por varios autores, mientras que otros creen que fue un autor quien reunió y compiló todas las historias. Tanto la autoría como el año de origen de la *Historia Brittonum* siguen abiertos al debate entre los historiadores modernos. Debido a la incertidumbre que rodea a este texto, la información que proporciona sobre ciertos eventos y personas debe ser tomada con precaución.

Aproximadamente al mismo tiempo que la batalla del Monte Badon, tuvo lugar la construcción de Wansdyke. Su nombre sajón es Woden's Dyke y se trata de una serie de movimientos de tierra defensivos que consisten en una zanja y una pared. El propósito de estas construcciones era separar los territorios ocupados por los británicos de las tribus germánicas.

Durante dos o tres generaciones, las tribus germánicas no se mezclaron con el pueblo británico. Se mantuvieron separados. Pero la plaga de Justiniano, que se llevó muchas vidas en el año 540, impulsó a las tribus germánicas a moverse y explorar tierras fértiles que yacían en las partes occidentales de las islas británicas. La plaga comenzó en el Mediterráneo y rápidamente se apoderó del mundo. Duró casi dos siglos, y se estima que acabó con entre el trece y veintiséis por ciento de la población mundial. Investigaciones posteriores confirmaron que la bacteria *Yersinia pestis* fue responsable de la plaga de Justiniano, la misma bacteria responsable de la peste negra posterior pero más conocida (muerte negra) del siglo XIV. Se supone que la plaga llegó a la isla británica debido al comercio con los galos. Los asentamientos ingleses estaban muy poblados y concentrados, lo que permitió la rápida y fácil propagación de la enfermedad. Esta puede ser la razón por la que la plaga afectó desproporcionadamente a varios pueblos que habitaban Gran Bretaña, y por lo que los británicos nativos tenían un número de muertes más alto que las tribus germánicas. Se cree que la población británica pasó de cuatro millones a solo un millón, pero no hay pruebas firmes que refuercen esta especulación. La defensa de las tierras británicas era escasa, y esto dio a los anglos y los sajones la oportunidad de moverse hacia el oeste. La plaga tampoco perdonó a la nobleza. Los reyes británicos fueron depuestos, y los anglosajones se apoderaron fácilmente de las ciudades británicas.

El líder sajón Ceawlin llegó a Cirencester, a 128 kilómetros de Londres. En el año 577, se hizo cargo de Gloucester y Bath, y solo siete años más tarde dirigió sus fuerzas en la conquista exitosa de las tierras medias. Otros señores de la guerra sajones tuvieron el mismo éxito, y la población británica se vio obligada a huir. Muchos recordaron los lazos tribales con los británicos del noroeste de Francia y se refugiaron en estas tierras, formando Bretaña. Esta migración de personas provocó la mezcla entre sajones, anglos y nativos británicos, y estas denominaciones dejaron de tener significado alguno. Todo el mundo en las tierras medias era ahora inglés. Pero en el oeste, algunos gobernantes nativos mantuvieron sus tierras a salvo de los sajones durante más de 200 años. El reino de Elmet (Anillo Oriental de Yorkshire), por ejemplo, sobrevivió hasta el siglo VII. Gwynedd, un reino en Gales, no fue capturado por los ingleses hasta el año 1283. Cornualles todavía tenía hablantes celtas hasta el siglo VI, cuando el idioma comenzó su declive y murió oficialmente durante el siglo XVIII.

Los asentamientos de las tribus germánicas eran pequeños, y cada uno tenía su territorio, por lo general convirtiendo los ríos en su frontera natural. Los asentamientos fueron hechos por grupos de guerreros, y el nombre de la tribu se convirtió en el nombre del asentamiento; por ejemplo, Haestingas se convirtió en Hastings. El número de estas tribus fue significativo al principio, pero poco a poco se fusionaron, probablemente uniendo fuerzas para guerras y la defensa de la región. Los líderes eran señores que gobernaban varias tribus a la vez, y sus subordinados eran jefes tribales. En el año 600, los reinos anglosajones de la Inglaterra medieval tomaron su forma y comenzaron a perfilar sus nombres en la historia.

La estructura social de los reinos anglosajones incluía esclavos, trabajadores sin tierra, *céreres* o *churls* (un hombre libre del rango más bajo), y *tegns* o *thanes* (propietarios de la tierra otorgada por el rey, un rango entre hombre libre y noble). Cada rango tenía su propia distinción, y el valor de la vida de alguien se medía por su rango. Las sanciones financieras para varios delitos diferían dependiendo del rango tanto del agresor como de la víctima. Los nativos británicos no fueron exterminados por los sajones, ya que seguían siendo útiles. Los artesanos y comerciantes eran de alto valor y se les permitió integrarse en la nueva sociedad y continuar su trabajo. Tenían que pagar impuestos o tributos a los señores locales. Muchos de los británicos nativos continuaron trabajando la tierra —algunos como esclavos, otros como hombres libres— y los sajones se adaptaron a los métodos británicos de agricultura.

En el norte, las tribus germánicas ocupaban el este y el sur de Yorkshire. Estos territorios eran conocidos como el reino de Deira. El vecino reino de Bernicia fue establecido por una comunidad anglo. Su rey, Etefrido, era conocido por gobernar ambos reinos en el año 604. Comenzó su conquista sometiendo a los británicos. Tuvo tanto éxito que los monjes del siglo VII lo compararon con Saúl, el primer rey de Israel. Los monjes también señalaron que era pagano, ya que el cristianismo entró en estos territorios aproximadamente diez años después de la muerte de Etefrido. Los territorios británicos que conquistó fueron convertidos en estados tributarios o completamente reemplazados por los ingleses. Se desconoce cómo Etefrido llegó a ser el gobernante de Deira, pero el hecho de que el hijo de su anterior gobernante, Edwin, fuera exiliado, podría indicar que fue una conquista. Algunos historiadores afirman que el gobierno de Etefrido sobre ambos reinos fue la confirmación de un acuerdo de cooperación ya existente entre Deira y Bernicia. El exilio de Edwin, el legítimo sucesor del trono de Deira, podría no haber sido inmediato. Se sugiere que la hostilidad entre Etefrido y Edwin fue gradual y en una fecha posterior. Etefrido estaba casado con la princesa de Deira, la hermana de Edwin, Acha, pero no se sabe si se casó con ella antes de convertirse en el gobernante de Deira o después. Entre los años 613 y 616, Etefrido derrotó al reino de Powys en la batalla de Chester. También masacró a los monjes que se reunieron para ayudar al rey de Powys con sus oraciones. Su victoria en la batalla de Chester pudo haber influido en la separación de los británicos galeses de los británicos del norte. Los territorios conquistados por Etefrido se convirtieron en el reino de Northumbria, y fue su verdadero primer rey, aunque, en ese momento, el reino no llevaba ese nombre.

Después de la muerte de Etefrido, Edwin regresó del exilio y se convirtió en el nuevo rey de Northumbria, gobernando hasta su muerte en el año 633. Al principio de su reinado, comenzó una expansión hacia el oeste, apoderándose del reino de Lindsey y conquistando la provincia irlandesa en las costas de Inglaterra. Edwin fue convertido al cristianismo durante la Pascua del año 626 para casarse con la princesa cristiana de Kent. Incluso se comprometió a cristianizar a su hija Eanfled, que más tarde se convirtió en reina de Northumbria. Desde el año 627, Edwin fue el gobernante más poderoso de los reinos anglosajones. Además de gobernar en Bernicia y Deira, también se convirtió en el señor de la isla de Man, el este de Mercia y Anglesey. También tuvo éxito en someter a Wessex y hacer una alianza con Kent. Su poder permaneció indiscutible durante un buen número de años hasta que su hermano adoptivo, Cadwallon ap Cadfan, unió fuerzas con el reino de Mercia y atacó a Edwin en el año 632/633. Edwin fue derrotado y asesinado durante este ataque. Pero Cadwallon no fue capaz de gobernar sus tierras recién conquistadas. Poco después de la victoria sobre Edwin, fue atacado por los hijos de Etefrido, que habían regresado de su exilio en las tierras de los pictos. Alrededor del año 642, la hija de Edwin,

Eanfled, se casó con uno de los hijos de Etefrido, Oswiu, y se convirtió en la reina de Northumbria.

Las grandes tierras de Anglia Oriental, o Anglia Oriental, también tenían grandes reyes. Redwald (también escrito Raedwald) fue uno de ellos, y gobernó en el siglo VII. De hecho, fue el aliado y protector de Edwin durante su tiempo en el exilio. Fue el rey de Anglia Oriental, que se encontraba en los territorios de los actuales condados de Norfolk y Suffolk. No muchas evidencias de su reinado sobrevivieron a la incursión vikinga de los monasterios de Anglia Oriental durante el siglo IX. Se cree que reinó desde alrededor del año 599 hasta que murió en 624. Redwald fue directamente responsable de hacer de Edwin el rey de Northumbria después de luchar y matar a Etefrido. Redwald fue el rey más poderoso que ha gobernado los reinos anglosajones del sur. En la *Crónica anglosajona* es nombrado como *bretwalda,* lo que significa que gobernó Gran Bretaña, indicando lo poderoso que era. Redwald fue el primer gobernante de Anglia Oriental en convertirse al cristianismo en el año 605, pero al mismo tiempo, mantuvo vivos los templos paganos.

Individuos eminentes del siglo VII eran generalmente enterrados en túmulos funerarios y había un cementerio en Sutton Hoo en Suffolk que hubiera sido el lugar de entierro ideal para Redwald y su familia. Desafortunadamente, el cuerpo de Redwald nunca fue encontrado, aunque se cree que recibió un entierro cristiano. En 1993 se descubrió un montículo que contenía tantas riquezas —e incluso lo que se creía que era el cetro de *bretwalda*— que podría ser un monumento al rey Redwald construido en memoria de su grandeza. El montículo donde se descubrió este rico lugar de entierro contiene un barco funerario anglosajón de noventa pies de longitud, lleno de riquezas en monedas, joyas, textiles y otros objetos valiosos. En barco, sin embargo, no se encontró ningún cuerpo y tampoco se hallaron los lazos de sudario comunes a las prácticas de entierro del siglo VII. La conexión entre este lugar y el rey Redwald aún no ha sido probada. Parte de la armadura encontrada en el sitio es de estilo sueco, lo que podría indicar que los ancestros del rey eran de origen sueco. Pero también podría significar que la tumba pertenece a otra persona, como un representante de delegación extranjera, algún aspirante noble o un prestigioso visitante del reino.

El reino de Mercia no existía como entidad administrativa unificada a finales del siglo V y principios del VI. Los territorios que ocupan las tierras medias —Essex, Sussex y Wessex— se convirtieron en el reino de Mercia. También fue el último reino en convertirse al cristianismo. Su primer rey conocido fue Creoda, que llegó al poder en el año 584. Construyó una fortaleza en Tamworth, que más tarde se convertiría en la sede del poder para todos los reyes de Mercia. Pero en la *Crónica anglosajona,* Creoda no era conocido como el rey; solo se menciona como que tiene herencia de Sajonia Occidental. Debido a esto, algunos historiadores argumentan que ni siquiera existía y que sus menciones son probablemente conjeturas derivadas de otras obras, como la del monje benedictino inglés Bede, que vivió durante el siglo VIII.

La lista de Worchester, otra fuente de información histórica, comienza a contar reyes desde Penda, que gobernó en el siglo VII. Penda era todavía un pagano cuando el cristianismo se extendía como fuego salvaje a través de los territorios anglosajones. Se desconoce el momento en el que Penda se convirtió en rey, o incluso cómo. Su padre, el rey Pybba, murió cuando Penda era un niño. Cearl, un posible pariente de Pybba, gobernó hasta aproximadamente el año 626 d. C. cuando Penda se convirtió en el rey de Mercia. La *Crónica anglosajona* menciona que gobernó durante unos treinta años, pero este número es solo una suposición. Algunos historiadores, citando a Bede, creen que Penda se convirtió en rey solo después de la derrota y muerte de Edwin, rey de Northumbria, que era el rey más poderoso de Gran Bretaña en ese momento. Se cree que Penda y su aliado Cadwallon ap Cadfan, rey de Gwynedd, saquearon Northumbria, pero no gobernaron sobre ella. En su lugar, Oswald, hijo de Etefrido, sucedió a Edwin. A finales de la década de 620 en Heavenfield, hubo una batalla entre el ejército de Oswald y las fuerzas aliadas de Cadwallon y Penda. Oswald logró ganar esta batalla y matar a Cadwallon. Después de estos acontecimientos, Oswald recuperó el dominio sobre toda Northumbria y obligó a Penda a reconocer su autoridad. Pero Penda siguió siendo hostil hacia Northumbria, y otra batalla, conocida como la batalla de Maserfield, surgió el 5 de agosto de 641/642. Penda, con sus aliados galeses, chocó con las fuerzas del rey Oswald de Northumbria. Se desconoce cómo comenzó esta batalla o qué la causó, pero como Oswald murió en el territorio del enemigo, se cree que estaba en la ofensiva. El resultado de la batalla fue un debilitamiento interno del reino de Northumbria ya que, una vez más, Deira y Bernicia eligieron dos gobernantes separados.

Junto con el rey de Deira, Penda atacó Bernicia en el año 655. Se desconoce la causa de esta guerra, pero hay sugerencias de que la propagación del cristianismo desde Bernicia fue vista como un esfuerzo para socavar el gobierno de Penda. Es muy posible que Penda comenzara la guerra para asegurar su poder como señor supremo. En ese momento, el rey de Bernicia era Oswiu, quien trató incluso de comprar la paz con Penda, aunque en vano. Oswiu ganó la batalla, posiblemente debido a que el ejército del aliado GwyNedd abandonó a Penda en la batalla final. Penda también fue abandonado por otro aliado, el reino de Deira, que decidió observar el resultado de la batalla desde una distancia segura. El ejército de Mercia fue derrotado, y Penda fue asesinado.

Penda es famoso por ser el último guerrero-rey pagano de las tribus germánicas que invadieron Inglaterra. En el momento de su muerte, el paganismo dejó de ser una religión pública y una ideología política. Inmediatamente después de la muerte de Penda, Mercia se convirtió en un reino cristiano, y los tres hijos de Penda gobernaron como reyes cristianos.

Otro rey anglosajón, que es mencionado en la *Crónica* como *bretwalda*, fue Ethelberto de Kent. Gobernó a finales del siglo VI y principios del VII y fue conocido por unirse con los francos casándose con Bertha, hija del rey Charibert de los francos. En ese momento, Francia era el estado más poderoso de la Europa occidental contemporánea. Bajo su influencia, el papa Gregorio I envió a Agustín como misionero a Kent para cristianizar a su rey y a su pueblo.

Ethelberto es el responsable del código escrito más antiguo en la lengua germánica, conocido como la Ley de Ethelberto. El código fue escrito en algún momento en el año 602 o 603, y consta de noventa secciones. No es de extrañar que este fuera el primer documento de este tipo escrito en anglosajón, ya que, con la misión de Agustín de cristianizar a la gente, la era de la alfabetización había comenzado. Las leyes están fuertemente influenciadas por la doctrina cristiana, y la primera sección trata sobre la iglesia y la compensación para obispos, diáconos y sacerdotes, así como las reglas para adquirir la propiedad de la iglesia. Además, el código consistía en leyes que se referían a sanciones por diversos delitos, donde la gravedad del castigo dependía del rango social de las partes involucradas, generalmente la víctima. La mayoría de los castigos eran financieros, y el rey era el que se beneficiaba de ellos. Pero el rey también tenía el papel de mantener la ley y prevenir cualquier disputa de sangre que pudiera surgir en el país. Muchos reyes posteriores de otros reinos anglosajones escribieron sus leyes basadas en el código de Ethelberto.

# Capítulo 3 – Cristianismo en la Inglaterra anglosajona

El cristianismo había estado presente en Gran Bretaña desde el siglo III, mientras Gran Bretaña era una provincia romana. Comerciantes, inmigrantes y legionarios que siguieron la expansión romana probablemente trajeron el cristianismo a la isla. Hay pruebas firmes de que, a principios del siglo IV, Gran Bretaña había organizado la comunidad cristiana. En el año 314, tres obispos británicos asistían al primer Concilio de Arlés, un concilio cristiano en el sur de la Galia romana que siguió a la legalización del cristianismo en el Imperio romano. Los nombres de los tres obispos fueron Eborius de Eboracum (York), Restitutus de Londinium (Londres) y Adelfius, cuyo origen sigue siendo desconocido.

El camino de Gran Bretaña hacia el cristianismo comenzó antes de que los romanos abandonaran su provincia. El cristianismo no tenía nada que impidiera que se extendiera, y la comunidad creció constantemente hasta la invasión sajona. Después de que los romanos se fueran, los paganos fueron libres de ocupar los territorios en las partes meridionales de Gran Bretaña. En el lado oeste, pasados los reinos anglosajones recién desarrollados, los cristianos permanecieron. Estos cristianos británicos nativos desarrollaron su propia Iglesia, lejos de la influencia de Roma. La influencia más prominente vino de los misioneros irlandeses. En lugar de obispados, los cristianos nativos crearon monasterios. Calcularon la Pascua de manera diferente a Roma, y sus peinados diferían, ya que preferían la tonsura (la práctica de afeitarse el cuero cabelludo como signo de devoción religiosa). Durante la invasión anglosajona, el cristianismo sobrevivió en el este, manteniendo el culto de San Alban muy vivo. A pesar de que los sajones a menudo se mezclaban con los nativos británicos, ninguna evidencia confirma un esfuerzo para cristianizar las tribus germánicas tan tempranamente.

El papa Gregorio I fue el primero en enviar una misión para cristianizar a los anglosajones en Gran Bretaña. Esta misión lleva el nombre del papa y se conoce como la "Misión Gregoriana". Una de las condiciones para el matrimonio entre el rey Ethelberto y la princesa Bertha de París fue que se le permitiera seguir practicando su religión cristiana en Kent, región pagana en ese momento. La princesa trajo con ella al obispo Liudhard, quien restauró la iglesia romana en Canterbury. Se cree que, bajo la influencia de Bertha, el propio Ethelberto pidió al papa que enviara la misión y cristianizara a su pueblo. Aun así, algunos historiadores creen que idea provino del papa Gregorio al ver a los esclavos sajones en el mercado de Roma. La razón más obvia para enviar una misión era que Kent, bajo el gobierno de Ethelberto, se había convertido en el reino más poderoso de Gran Bretaña, y la iglesia cristiana quería tratar de influir en ese poder hasta cierto punto. En el año 595, Gregorio despachó la misión, eligiendo a Agustín como su líder. La misión fue apoyada por obispos francos y funcionarios estatales, que no solo donaron dinero, sino que también proporcionaron traductores y sacerdotes para acompañar a Agustín. Gregorio eligió a Agustín para esta misión porque conocía bien sus habilidades; Agustín era monje en la abadía de San Andrés en Roma, cuyo abad era el propio papa. En una carta al rey Ethelberto, el papa elogió a Agustín por su conocimiento de la Biblia y sus habilidades administrativas.

Agustín tenía cuarenta compañeros que, en un momento dado, querían abandonar la misión e incluso pidieron permiso al papa para regresar a Roma. Pero Gregorio insistió en que continuaran, y finalmente, en el año 597, la misión llegó a Kent. Los monjes comenzaron a predicar en la capital, Canterbury, donde se les proporcionó la iglesia de San Martín para hacer los servicios. Ethelberto fue probablemente el primero en convertirse al cristianismo en Kent. A pesar de que no hay ninguna mención de la fecha exacta de su conversión, comúnmente se cree que fue en el año 597. En tan solo un año, Agustín registró un gran número de conversiones. La gente estaba dispuesta a aceptar el cristianismo, ya que era la religión recién elegida de su rey.

El rey donó tierras al primer monasterio de Kent, el monasterio de los santos Pedro y Pablo, fundado por Agustín. Más tarde, este monasterio se convirtió en la abadía de San Agustín. Fue la primera abadía benedictina fuera de Italia, y se cree que Agustín introdujo la Regla de San Benito a Inglaterra. Sin embargo, no hay pruebas firmes de que, en ese momento, la abadía estuviera siguiendo esta regla. La segunda misión fue enviada desde Roma en el año 601. Los monjes trajeron consigo textos sagrados, reliquias y vestiduras, y Agustín fue nombrado arzobispo. Gregory envió un conjunto de reglas por las cuales la iglesia en Gran Bretaña permanecería, así como instrucciones para que Agustín nombrara doce obispos sufragáneos y un obispo que sería enviado a York. Agustín tenía instrucciones de trasladar su asiento de Canterbury a Londres. Sin embargo, este movimiento nunca se produjo, y no hay conocimiento del porqué.

En el norte de Gran Bretaña, una versión de la tradición cristiana se desarrolló sin la influencia de Roma, y se conoce como "cristianismo celta". Después de que el sur y el este de la isla estuvieran bajo el dominio anglosajón, los cristianos británicos permanecieron activos en el norte y el oeste. Alrededor del año 603, los obispos británicos conocieron a Agustín, pero se negaron a reconocerlo como arzobispo. En el año 616, Etefrido de Bernicia atacó a los monjes en la abadía de Bangor-on-Dee porque se oponían a su gobierno y daban apoyo a sus enemigos en las oraciones. Después de su muerte, Etefrido fue sucedido por Edwin, que estaba casado con una princesa cristiana de Kent, hija de Ethelberto. La condición de este matrimonio fue la misma que la del matrimonio de Ethelberto con la princesa franca: para que a la nueva reina se le permitiera practicar su religión. Edwin y su corte se convirtieron en cristianos poco después, y a pesar de que el país se convirtió oficialmente, tanto Bernicia como Deira volvieron al paganismo después de la muerte del rey Edwin.

Oswald de Northumbria se convirtió en cristiano mientras estaba exiliado en Dal Riata. Este reino fue gaélico y fue convertido por los misioneros irlandeses a mediados del siglo VI. Cuando Oswald regresó a Northumbria y tomó el trono, le pidió al abad de la Abadía de Iona en Escocia que enviara una misión que comenzara a cristianizar Northumbria. El obispo Comran fue el primero en tratar de convertir Northumbrian, pero sus métodos demostraron ser demasiado duros. Regresó a Escocia, alegando que la gente de Northumbria era demasiado terca para ser cristianizada. Un monje irlandés llamado Aidan fue enviado para reemplazarle, ya que fue el primero en criticar los métodos de Comran. Aidan comenzó lentamente construyendo escuelas, iglesias y monasterios en Northumbria. Se alió con el rey y usó su ayuda para persuadir a la gente reacia a convertirse. Fue paciente al hablar con la gente y a menudo usaba el lenguaje de la gente común para acercarse a ellos y ganarse su confianza. Al principio, Aidan no hablaba inglés, y el rey Oswald actuó como su traductor.

En Anglia Oriental, el hijastro de Redwald, Sigeberht, fue el primer rey de Anglia Oriental en haberse convertido al cristianismo antes de su sucesión al trono. Estaba en el exilio cuando se convirtió. Esto le debió de permitir llegar al poder, ya que de esta manera ganaba el apoyo de aliados ya cristianizados en Kent y Northumbria. En el año 631, Félix de Borgoña fue enviado a Anglia Oriental para cumplir una misión, posiblemente apoyada por el propio Sigeberht, ya que los dos se habían reunido en la Galia. Félix fundó su sede episcopal en Dommoc, un lugar perdido en la historia. También fundó un monasterio en la Abadía de Soham. La Iglesia en Anglia Oriental siguió las reglas romanas, ya que el propio Félix fue muy influenciado por ellas y fue leal a Canterbury.

Mercia fue el último reino anglosajón en aceptar el cristianismo. Los reyes se resistieron a la conversión hasta el año 656, con el reinado de Peada. Aunque paganos, los reyes de Mercia no rechazaron las ofertas de alianza con los gobernantes galeses cristianizados, especialmente en sus esfuerzos contra Northumbria. El cristianismo existió en Mercia antes del año 656, ya que su anterior rey Penda ganó la batalla de Cirencester (628) e incorporó territorios cristianizados de Sajonia Occidental en Mercia. A mediados del siglo VII, cuando Penda murió, Mercia estaba rodeada de reinos cristianos y ya no podía resistirse a la conversión. Al ser el único estado pagano, Mercia era a menudo excluido de los acuerdos diplomáticos y comerciales con otros reinos, así como de las alianzas que exigían matrimonios dinásticos. Los esfuerzos diplomáticos llevaron el cristianismo a Mercia. Peada tuvo que casarse con una princesa cristiana de Northumbria para obtener el apoyo de su rey Oswiu. La condición para este matrimonio era que el rey de Mercia aceptara la religión de la princesa Alchflaed, hija del rey Oswiu. El primer obispo en Mercia fue un monje irlandés, Diuma, enviado por el propio Oswiu. Para mostrar su devoción al cristianismo, Peada fundó la abadía en Medeshamstede, el actual Peterborough. A pesar de que Peada fue cristianizado, el resto de su corte era reacia, y no había mucho progreso en la conversión del pueblo de Mercia.

Chad, el quinto obispo de Mercia, tuvo el primer éxito en la cristianización del pueblo de este reino. A pesar de que su posición duró solo tres años, a Chad se le atribuye la conversión de la mayor parte de Mercia. Hijos y sucesores de Peada eran cristianos y quisieron invertir en la misión cristiana en Mercia. Wulfhere a menudo hacía donaciones al monasterio familiar de Medeshamstede, pero también dio a Chad las tierras de Lichfield y tierras en Bawae, donde se fundaron nuevos monasterios.

La doctrina de la iglesia romana alentó reyes fuertes y gobiernos estables. No es raro que los reyes anglosajones escogieran el cristianismo sobre el paganismo precisamente por su papel en el país. Los reyes fueron declarados santos incluso en la vida, y su papel dentro de la iglesia significó un control más fuerte sobre el país. Las personas religiosas también eran más fáciles de controlar, especialmente cuando estaban convencidos de que el rey era elegido por Dios mismo. La mayoría de los miembros alfabetizados de la sociedad eran los sacerdotes, y era inevitable que fueran nombrados administradores del estado. Así, la iglesia entró en el dominio del gobierno y ganó el control sobre todos los aspectos de los asuntos políticos.

Finalmente, el cristianismo logró unir el reino. Bajo el mismo Dios, varios reinos más pequeños comenzaron a unirse y convertirse en uno. La iglesia se convirtió en una, y exigía un país; exigía que toda la gente estuviera bajo un solo gobernante. Los primeros historiadores, como el monje Bede, excluyeron a los galeses y a los pictos de la Iglesia unida de Inglaterra, creando la imagen de Inglaterra tal como la conocemos hoy en día.

# Capítulo 4 – Ataques vikingos

*La expansión de los vikingos*

https://en.wikipedia.org/wiki/Viking_expansion#/media/File:Viking_Expansion.svg

A finales del siglo VIII, los monasterios cristianos de las islas británicas fueron atacados por un nuevo enemigo pagano. En la etapa final de la Edad del Hierro, Escandinavia seguía siendo una sociedad pre-alfabetizada que trataba de encontrar su lugar en el mundo del rápido desarrollo tecnológico y económico. Para Escandinavia, el final del siglo significó el comienzo de lo que los historiadores llaman la "era vikinga". Se desconocen las razones por las que los vikingos se entregaron a las incursiones náuticas, pero hay tres teorías principales. Noruega carecía de tierras aptas para la agricultura, y es posible que los vikingos partieran por primera vez a otros países con la esperanza de encontrar tierras cultivables. Al ver los monasterios cristianos y sus defensas inexistentes, los escandinavos decidieron asaltarlos. La segunda razón podría ser el efecto del amento de la población joven, ya que el hijo mayor es el que heredaba el patrimonio familiar, dejando a los hijos más jóvenes que encontraran su propia fortuna. Muchos jóvenes fueron a explorar y aventurarse con la esperanza de obtener riquezas. La tercera razón posible es la falta de mujeres para la reproducción. Los vikingos podrían haber practicado la selección de su descendencia, en la que las hijas no deseadas serían asesinadas. Si este fuera el caso, los escandinavos tendrían que buscar a sus esposas en otros países. No hay pruebas concluyentes de ninguna de las teorías de por qué los escandinavos comenzaron a asaltar en las costas de las islas británicas. Aun así, una vez que lo hicieron, los monasterios, llenos de reliquias de oro y plata, así como de comida, eran su objetivo principal.

Los primeros monasterios que los vikingos encontraron y atacaron estaban situados en pequeñas islas alrededor de la costa británica. Los monjes buscaron aislamiento para poder dedicar sus vidas a Dios sin ser perturbados. En estas islas, los monasterios estaban demasiado lejos de cualquier defensa o ayuda que pudiera venir y salvarlos del saqueo vikingo. Los escandinavos se sorprendieron al enterarse de comunidades que no llevaban armas para protegerse, sino que albergaban tales riquezas. Estos ataques fueron el primer contacto que tuvieron los vikingos con el cristianismo, pero los ataques no fueron religiosos. Veían los monasterios como objetivos fáciles, y no les importaba cuál fuera su propósito.

La primera incursión vikinga registrada ocurrió en el año 787, cuando tres barcos de Noruega desembarcaron en el territorio del sur de Wessex, en la isla de Portland. Los escandinavos fueron recibidos por los funcionarios locales de Dorchester, quienes les confundieron con comerciantes. La tarea de estos funcionarios era identificar a todos los nuevos comerciantes que desembarcaban en esta parte de las islas británicas. Los escandinavos mataron a todos. Posiblemente ocurrieron otras redadas, pero no hay registros de sobrevivientes que ofrecieran pruebas. En el año 792, el rey Offa de Mercia se preparó para defender Kent de los paganos que lo atacaron. Al año siguiente, un monasterio en la costa oriental, en Lindisfarne, fue atacado. Los registros sobrevivieron a través de la historia e incluso ofrecen la fecha exacta del ataque: 8 de junio del año 793. El cronista describió la crueldad de los vikingos, mencionando que los monjes no eran simplemente cortados con espadas; también fueron ahogados intencionalmente o llevados como esclavos. Lindisfarne soportó numerosas incursiones vikingas, fue saqueada durante casi ocho décadas hasta ser abandonada en el año 875.

En el año 795, la abadía de Iona, en una isla frente a la costa oeste de Escocia, fue asaltada. Esta abadía sufrió más ataques, dos de los cuales fueron registrados en los años 802 y 806. El último fue tan devastador que los monjes decidieron finalmente abandonar este sitio.

Una de las últimas incursiones vikingas que ocurrieron durante los siguientes cuarenta años fue un ataque contra un rico monasterio en Jarrow en el año 794. Finalmente, los vikingos encontraron cierta resistencia y los británicos lograron matar a todos sus líderes. Los invasores vikingos comenzaron a retirarse, pero encontraron su barco en Tynemouth. Toda su tripulación fue asesinada. Intimidados por este evento, los vikingos comenzaron a asaltar las costas de Escocia e Irlanda.

En el año 865, un "Gran Ejército Pagano" de vikingos daneses desembarcó en Anglia Oriental. Bandas de asaltantes que estaban descoordinadas se unieron bajo el liderazgo de dos hermanos conocidos como Ivar el Deshuesado y Halfdan Ragnarsson. Los hermanos eran hijos del famoso héroe y rey vikingo nórdico, Ragnar Lothbrok, de quien muchas sagas del norte cuentan historias. Algunos historiadores creen que los ataques dirigidos por los hermanos vikingos fueron represalias por la muerte de Ragnar, quien, se cree, murió en Gran Bretaña, donde el rey Aelle de Northumbria lo arrojó a un pozo lleno de serpientes. Ivar el Deshuesado hizo las paces con el rey de Anglia Oriental. Ivar prometió que no atacaría las tierras del rey si le proporcionaba caballos a su ejército. En el año 867, habiendo recibido lo prometido, Ivar condujo a su ejército a Northumbria, donde atacaron y conquistaron su capital, York. Tras derrotar tanto al rey Osberht como al usupador posterior, Aelle, los daneses eligieron a Ecgberht I de Northumbria como su gobernante títere. La ley de Ecgberht I apenas está registrada, y poco se sabe de él.

El mismo año, el ejército vikingo se movió hacia el sur y atacó el reino de Mercia. Conquistando Nottingham, los vikingos decidieron pasar el invierno en esta ciudad. El rey Burgred de Mercia se alió con el rey Ethelred de Wessex. Juntos intentaron recuperar Nottingham asediando la ciudad, pero no tuvieron éxito, ya que los daneses se negaron a enfrentarse a ellos en una batalla abierta. Cuando terminó el invierno, el líder vikingo Ivar aceptó una tregua en la que accedió a llevar a su ejército de vuelta a York. Los vikingos pasaron el año siguiente en la ciudad de York planeando más ataques.

Una vez más, Ivar se volvió hacia Anglia Oriental, pero esta vez para conquistarlo. Los vikingos derrotaron al rey Edmund, que fue conocido en la historia como Edmund el Mártir, en el año 869. El rey Ethelred de Wessex y su hermano Alfred intentaron detener a los daneses y atacaron a su ejército en Reading, pero no tuvieron éxito y sufrieron grandes pérdidas. Halfdan, que ahora estaba a cargo del Gran Ejército Pagano, decidió perseguir al rey anglosajón, y el 8 de enero del año 871 los ejércitos se enfrentaron en la batalla de Ashdown, donde Ethelred y Alfred resultaron victoriosos. Para lograr esta victoria, el rey Ethelred dividió su ejército y lo colocó a cada lado de la cresta. Él comandó personalmente una parte del ejército, mientras que el príncipe Alfred comandó la segunda parte. Alfred no esperó a la orden de su rey para atacar y ordenó a sus tropas que cargaran. Logró derrotar a los vikingos, que también tuvieron que dividir su ejército en dos. Ethelred, aunque se demoró en su ataque, también salió victorioso al dirigir la otra mitad del ejército sajón. Se cree que los sajones tenían una ligera ventaja en número, pero los daneses eran los que controlaban el terreno alto. Cumpliendo con la determinación de los dos hermanos, Halfdan decidió ser cauteloso y eligió batallas más fáciles durante sus futuras incursiones en el territorio de Wessex. Después de la batalla de Ashdown, los daneses se retiraron a Basing, donde obtuvieron refuerzos. Ethelred siguió y atacó, pero fue derrotado y obligado a retirarse. Los daneses tuvieron una victoria más sobre el rey Wessex en la batalla de Meretum en marzo del mismo año.

El rey Ethelred murió el 23 de abril del año 871, y Alfred lo sucedió en el trono de Wessex. Para mantener la paz con los daneses, Alfred tuvo que rendir tributo a Halfdan, quien, a su vez, dejó Wessex y atacó Mercia. La campaña danesa en Mercia duró hasta el año 874. Después el liderazgo del ejército danés pasó a Guthrum, quien logró terminar la campaña en Mercia. En 876, los daneses conquistaron los territorios de Mercia, Northumbria y Anglia Oriental. Wessex era el único reino que aún se resistía.

El primer conflicto entre Guthrum y Alfred ocurrió en la costa sur de Wessex cuando las fuerzas de Guthrum se unieron a otro ejército vikingo que estaba ocupado luchando en la zona entre los ríos Frome y Piddle. Los daneses ganaron la primera batalla, capturando una pequeña torre y un convento de monjas. Alfred negoció una paz que fue rota por Guthrum al año siguiente. Los ejércitos danés y de Wessex se enfrentaron en varias escaramuzas, y Guthrum salió victorioso en todas ellas. El ejército danés dejó Wessex para pasar el invierno en Gloucester después de aceptar el segundo llamamiento de paz de Alfred.

El día de la Epifanía (6 de enero) del año 878, mientras el reino cristiano de Alfred celebraba y disfrutaba las festividades, Guthrum lanzó un ataque sorpresa en la corte de Wessex en Chippenham, Wiltshire. Los sajones no fueron conscientes, pero Alfred logró escapar y se refugió en las marismas de Somerset, en un pequeño pueblo llamado Athelney. Permaneció en el pueblo durante unos meses y lo usó como base para lanzar ataques de guerrilla contra los daneses. Poco después, llamó a todos los ingleses leales para que se unieran a él en la Piedra de Egbert, donde comenzaron su marcha a Edington para enfrentarse a los invasores daneses.

En el año 878, el enfrentamiento entre daneses y sajones en la batalla de Edington pondría fin a las esperanzas de Guthrum de conquistar Wessex. El día exacto de la batalla no se conoce, pero los historiadores asumen que ocurrió en algún momento entre el 6 y el 12 de mayo. Alfred aplicó tácticas vikingas y entrenó a su ejército para formar un muro como escudo. Mantuvieron el cargo durante mucho tiempo, y los daneses rompieron sus filas. Los daneses se vieron obligados a retirarse, y se refugiaron en una fortaleza, aunque no se sabe cuál. El ejército de Wessex eliminó todas las fuentes de alimentos que los daneses iban a usar para sobrevivir al asedio, y, después de solo dos semanas, los daneses pidieron la paz. Pero los vikingos eran conocidos por romper los periodos de paz, y Alfred necesitaba una confirmación de que esta vez abandonarían Wessex. Además de todas las cláusulas habituales del tratado de paz, Guthrum prometió aceptar el bautismo y convertirse en cristiano.

Hay algunas razones por las que Alfred logró derrotar a Guthrum fácilmente. Primero es el tamaño de su ejército, ya que Guthrum había perdido el apoyo de otros líderes daneses como Halfdan y Ubba. Además, Guthrum perdió un total de 120 barcos, junto con sus tripulaciones, debido a fuertes tormentas en los años 876 y 877. Finalmente, durante el ataque a Wessex, los daneses experimentaron fisuras en sus filas, y, en lugar de dedicar tiempo a resolver las disputas internas, Guthrum los llevó a otro ataque.

Guthrum fue bautizado y convertido al cristianismo tres semanas después de la batalla de Edington. Alfred fue su padrino, y la ceremonia tuvo lugar en Aller en Somerset. Su nombre cristiano era Athelstan. Muchos historiadores especulan que Alfred quería vincular a Guthrum con el código ético cristiano con este bautismo, asegurando que los daneses no romperían ningún tratado de paz futuro. Guthrum se retiró con su ejército a Anglia Oriental, donde gobernó como rey hasta su muerte en el año 890. Aunque su gobierno no era completamente pacífico, Guthrum no fue nunca más una amenaza para Alfred y Wessex. Alfred luchó contra otros ejércitos vikingos bajo diferentes líderes con mucho más éxito, ya que estableció un sistema de ciudades fortificadas, conocidas como *burhs*, una palabra en inglés antiguo de la que se deriva la palabra inglesa *borough* (ciudad).

Después de la batalla de Edington, se crearon un conjunto de términos y definiciones legales para gestionar el tratado entre Alfred y Guthrum. El tratado era conocido como Danelaw, y significaba que las personas bajo el gobierno danés tenían que obedecer la ley danesa. En el siglo XI, este término se expandió y se le dio una designación geográfica. Los territorios gobernados por daneses fueron entonces referidos como Danelaw. Estaban compuestos por quince condados: Leicester, York, Nottingham, Derby, Lincoln, Essex, Cambridge, Suffolk, Norfolk, Northampton, Huntington, Bedford, Hertford, Middlesex y Buckingham. Los líderes daneses en Inglaterra organizaron un intenso proceso para el asentamiento de la Danelaw: trajeron nuevas personas del noroeste de Europa para establecerse y vivir en Inglaterra. Las tierras de cultivo danesas estaban situadas alrededor de una ciudad fortificada, que era el punto de reunión para la población de esa región. También sirvió como punto de defensa, ya que el ejército danés lo habitaba. El idioma de estos territorios cambió bajo la nueva influencia danesa. Surgió un nuevo dialecto, y fue una mezcla de lenguas anglosajonas y nórdicas. Muchas ciudades inglesas modernas todavía llevan un nombre de origen danés o noruego, como Whitby o Thurgarton. La supervivencia de los nombres británicos o sajones en los territorios de la Danelaw sugiere que los nuevos colonos vikingos dejaron a la antigua población tranquila y la asimilaron en lugar de expulsarla. Es posible que debido a que los sajones y los daneses compartían una cultura común en su antigua fe, les fue fácil integrarse y mezclarse.

Las áreas de la Danelaw comenzaron a florecer en el comercio, y se convirtieron en tierras prósperas. Los tres condados más ricos durante el siglo XIII fueron Norfolk, Suffolk y Lincolnshire, los tres pertenecientes a la Danelaw. York se convirtió en una de las ciudades más ricas de Inglaterra, y albergaba a varios artesanos y comerciantes. El comercio se abrió con Escandinavia, pero también con Francia e Irlanda. Los daneses comerciaban mayormente con pescado, sal y esclavos, así como vino y pimienta.

Eduardo el Viejo sucedió a su padre, Alfredo el Grande, y junto con su hermana, Ethelfleda, Señora de los mercios, conquistó los territorios daneses en Northumbria y Anglia Oriental. Esta hazaña se logró a través de una serie de campañas que se disputaron en el año 910. A los señores daneses (Jarls) que se sometieron se les permitió conservar sus tierras. Para mantener sus tierras a salvo de más ataques vikingos, Eduardo y Ethelfleda comenzaron a construir fortalezas en todos los territorios conquistados. El fuerte de Hertford, que protegía Londres, convenció al pueblo británico que vivía bajo el dominio danés para someterse a Eduardo. Después de la muerte de Ethelflada en el año 918, Aelfwynn, la hija de Ethelfleda, gobernó durante unos meses hasta que Eduardo sacó a Aelfwynn del trono y la llevó de vuelta a Wessex. Después, Eduardo unió la recién conquistada Anglia Oriental con Wessex y Mercia.

Se necesitaron tres generaciones para cristianizar a las personas que habitaban la Danelaw, pero algunos de los territorios sobrevivieron en su cultura del norte. Las islas Orcadas y las Shetlands mantuvieron su identidad vikinga hasta finales del siglo XV, cuando fueron entregadas a Escocia. En las Shetlands, la lengua noruega se podía escuchar entre los habitantes hasta finales del siglo XVIII.

Eduardo fue sucedido por su hijo Athelstan, cuyo nombre significa "piedra noble" en nórdico antiguo. Gobernó desde el año 924 hasta el año 927 como rey de los anglosajones. Athelstan también es conocido como el primer rey de Inglaterra, gobernando como tal desde el año 927 hasta el año 939. Eduardo el Viejo había conquistado todos los territorios daneses en Anglia Oriental y Mercia, pero el reino de York todavía prosperaba bajo el gobernante danés Sihtric (o Sitric). Athelstan casó a su hermana con este rey danés. Al hacerlo, hicieron un pacto para nunca atacarse unos a otros y nunca aliarse con los enemigos del otro. Sin embargo, Sihtric murió al año siguiente, y Athelstan aprovechó la oportunidad para invadir y conquistar York. Los reyes del norte lo aceptaron como su señor, y siguieron siete años de paz. Por su matrimonio, Athelstan estuvo vinculado a Aquitania, una provincia francesa, así como al imperio de Alemania. Su corte siempre estuvo habitada por poetas y eruditos que trabajaron incansablemente en la compilación de conocimiento. Athelstan estableció una moneda que sería válida en toda Inglaterra, y tenía todo el control sobre el comercio dentro del reino. El retrato real inglés más antiguo que sobrevive representa a Athelstan con una corona en compañía de San Cutberto.

Una nueva ola de ataques vikingos comenzó en el año 947, con York cayendo ante los ejércitos del rey noruego, Eric Haraldsson, apodado Eric Bloodaxe. En ese momento, Northumbria era el principal punto de conflicto entre anglosajones y vikingos. En el año 946, Eadred, hijo de Eduardo, se convirtió en el gobernante inglés, y logró recuperar el control de Northumbria mientras al mismo tiempo se hizo con el control de sus aliados, los escoceses. También se reunió con el arzobispo Wulfstany el *witan* noruego (consejo anglosajón o parlamento), que luego le prometió su obediencia. Pero Northumbria no quería el dominio inglés y rápidamente mostró su desobediencia al elegir a Eric como su rey. Enfadado, Eadred lanzó una incursión de represalia en Northumbria, durante la cual la catedral de Ripon fue quemada. El ataque tuvo el efecto deseado, ya que, pronto, Northumbria renunció a tener a Eric como rey para apaciguar al gobernante inglés. Pero la paz no llegó a Northumbria. Al año siguiente, en el 948, Malcolm I de Escocia atacó y asaltó sus territorios hasta el río Tees. Eadred no emprendió ninguna acción contra Northumbria, o eso sugiere la falta de evidencia en los textos que han sobrevivido. Northumbria estaba ahora bajo el gobierno del rey Olaf, pero el pueblo expulsó a este rey y volvió a jurar lealtad a Eric. Sin embargo, su segundo reinado fue igual de corto. En el año 954 lo expulsaron.

## Inglaterra bajo los daneses

*Inglaterra en 878, la Danelaw de rojo*
*https://en.wikipedia.org/wiki/Viking_expansion#/media/File:England_878.svg*

Los ataques vikingos y el dominio de los territorios en Inglaterra continuaron con el gobierno del rey Canuto el Grande. Fue elegido rey por los vikingos, que vivían en la Danelaw, y solo entonces su nombre entró en la historia. Pero su reinado fue breve. Poco después, se vio obligado a huir a Dinamarca cuando Etelredo, también conocido como el Indeciso, regresó de Normandía y reclamó Inglaterra. En Dinamarca, Canuto se reunió con su hermano el rey Harald, quien le ofreció el mando de su ejército para realizar otra invasión de Inglaterra. Canuto reunió una gran flota e incluso tuvo ayuda de algunas tropas polacas, ya que estaba relacionado con el duque de Polonia, Boleslaw I el Valiente. Otros primos, y por lo tanto aliados, fueron el sucesor sueco al trono y Trondejarl, el cogobernante de Noruega. Al mando de una flota de 200 naves largas, Canuto lanzó una invasión de Inglaterra en 1015. Durante los siguientes catorce meses se libraron varias batallas, en su mayoría contra Edmund, conocido como Brazo de Hierro, el hijo mayor del rey Etelredo II. El conde de Mercia abandonó a Etelredo y, tomando sus cuarenta naves, se unió a Canuto. Wessex se sometió a los vikingos a finales de 1015.

Al año siguiente, Canuto dirigió su ejército hacia el norte, cruzando el Támesis y devastando el este de Mercia. El príncipe Edmund intentó detener el avance vikingo, pero él también fue abandonado por el aliado Uhtred, el conde de Northumbria, que se sometió a Canuto después de que sus fuerzas fueron devastadas. Edmund no tuvo más remedio que retirarse a Londres, donde permaneció invicto detrás de las murallas de la ciudad y fue coronado rey después de la muerte de Etelredo.

Al oír la noticia de que Canuto había girado hacia el sur y estaba llevando a su ejército a Londres, Eduardo abandonó la ciudad y se fue a Wessex, donde esperaba reunir un ejército. Pero Canuto dividió sus fuerzas y envió una parte después de Eduardo mientras usaba la segunda parte para asediar Londres. El ejército danés construyó diques en los lados norte y sur de la ciudad, donde también cavaron un canal que conectaba la parte norte del Támesis con su parte sur, rodeando la ciudad de Londres. Largos barcos fueron colocados en este canal para cortar la comunicación por río con los territorios más allá de Londres.

Edmund cruzó el Támesis en Brentford con su ejército y liberó temporalmente Londres del asedio danés. Pero su ejército sufrió grandes pérdidas, y de nuevo se vio obligado a retirarse a Wessex. Los daneses eran libres de asediar Londres una vez más. Pero este asedio también fue efímero, ya que los daneses fueron atacados por los ingleses, que lograron derrotar al ejército de Canuto y obligarlo a retirarse a Kent. En lugar de intentar conquistar Londres, Canuto se sintió satisfecho liderando su ejército en incursiones sobre Mercia. Se dirigió a Mercia porque su conde, Eadric Streona, eligió ponerse del lado de Eduardo en el esfuerzo por expulsar a los daneses de Inglaterra.

En 1016, tuvo lugar una batalla decisiva entre las fuerzas de Edmund y Canuto, posiblemente cerca de Ashingdon o Ashdon. La ubicación es desconocida, pero la confrontación de los ejércitos de Inglaterra y los daneses es recordada como la batalla de Assandun. Se desconoce si Eadric Streona volvió a cambiar su lealtad, o su alianza con Edmund era solo una artimaña, pero decidió retirarse del campo de batalla. Esta decisión condujo a la derrota de Edmund y de las fuerzas inglesas. Edmund huyó con una pequeña contingencia de su ejército, pero fue perseguido por Canuto. Fue capturado en Gloucestershire, donde conoció a sus aliados galeses. Allí se libró otra batalla, probablemente cerca del bosque de Dean. Herido, Edmund accedió a las negociaciones y aceptó los términos: la región de Inglaterra al norte del Támesis se convertiría en dominio danés, mientras que el rey inglés mantendría las partes del sur, incluyendo Londres. Pero toda Inglaterra iba a ser transferida a Canuto a la muerte de Edmund. Edmund murió solo unas semanas después de la conclusión del tratado de paz. Muchos historiadores especulan que fue asesinado, pero las circunstancias de su muerte siguen siendo desconocidas. Los sajones tuvieron que aceptar a Canuto como su rey, y fue coronado oficialmente por Lyfing, arzobispo de Canterbury en Londres en 1017, convirtiéndose así en rey de Inglaterra.

Como rey de Inglaterra, Canuto gobernó durante casi dos décadas, proporcionando protección contra las incursiones vikingas. A cambio de esa protección, los aliados ingleses le ayudaron a recuperar el control de sus territorios nacionales en Escandinavia. Sin embargo, el primer año de su gobierno estuvo marcado por las ejecuciones de nobles ingleses destinados a eliminar cualquier desafío al trono por parte de los miembros sobrevivientes de la anterior dinastía Wessex. Algunos príncipes lograron encontrar protección entre sus parientes extranjeros. Por ejemplo, los hijos de Etelredo, junto a Emma de Normandía, huyeron al Ducado de Normandía, donde encontraron refugio. Emma se quedó en Inglaterra, y se casa con Canuto en julio de 1017. La pareja real tuvo un hijo, Hardeknut, que fue proclamado heredero de Canuto.

En 1018, Canuto logró pagar a su ejército vikingo y los envió a casa, excepto cuarenta naves largas y sus tripulaciones, que se quedaron en Inglaterra como su ejército permanente. Para recompensar a los escandinavos que le sirvieron, recogió un impuesto anual del ejército llamado *heregeld*. Este impuesto había sido establecido en 1012 por el rey Etelredo.

Canuto continuó gobernando el reino de Inglaterra dividiéndolo en condados que se agruparían bajo el gobierno de un solo *ealdorman*. El país se dividió en cuatro regiones administrativas, cada una con su propio conde. Earl era un título escandinavo que se utilizó en lugar del título inglés *ealdorman* (oficial del rey de alto rango). Canuto, como rey de Inglaterra, por tradición mantuvo a Wessex bajo su dominio personal mientras le daba Northumbria a Erik de Noruega y Anglia Oriental a Thorkell el Alto. Mercia permaneció bajo Eadric Streona. Todos los condes inicialmente cayeron bajo el dominio de los gobernantes escandinavos, pero este favoritismo fue efímero. Como algunas de las familias anglosajonas demostraron su lealtad a Canuto, les hizo condes de estos territorios. Los anteriores gobernantes escandinavos murieron o cayeron en desgracia. Canuto finalmente renunció a gobernar Wessex y entregó su control a Godwin, un inglés de familia noble. Este sistema de dividir el país en condados y luego agruparlos como unidades administrativas no fue idea de Canuto. Fue un sistema establecido por el primer rey de Inglaterra, Athelstan, en el año 927.

En 1019, Canuto ascendió al trono danés sucediendo a su hermano, Harald II. Sin embargo, sentía un fuerte compromiso por

Inglaterra y, en 1020, volvió a dejar Dinamarca en manos de un regente. Como el rey no estaba en su propio país, el pueblo danés se opuso al gobierno de Canuto. Y eligieron a su hijo, que todavía era un niño, pero presente en Dinamarca, como su rey. Canuto tuvo que volver y lidiar con la situación, pero mientras luchaba por restaurar su trono como rey de Dinamarca, fue atacado por un ejército de alianza de Noruega y Suecia. Los derrotó con éxito y se convirtió en el gobernante dominante en Escandinavia. En una carta oficial a sus súbditos, que data de 1027, Canuto se proclamó rey de Inglaterra, Dinamarca, Noruega y parte de Suecia.

Canuto gobernó como rey cristiano; su nombre de bautismo era Lambert. Incluso visitó Roma en 1027. La ocasión fue la ceremonia de coronación del emperador del Sacro Imperio romano germánico Conrad II, pero Canuto aprovechó la oportunidad para negociar con el papa unos impuestos más bajos sobre el palio para los arzobispos ingleses. También negoció con éxito mejores condiciones para los peregrinos y mercaderes que se dirigían a Roma desde los reinos que gobernaba.

Aunque cristiano, Canuto entró en conflicto con la Iglesia en más de una ocasión. Su despiadada ejecución de los sucesores de la dinastía Wessex no le otorgó ningún favor a la Iglesia. El hecho de que tuviera una relación abierta con su concubina, Aelfgifu de Northampton, mientras estaba oficialmente casado con Emma de Normandía, lo llevó a chocar con la Iglesia. Para apaciguar a los líderes religiosos de su reino, así como su culpabilidad, Canuto reparó todas las iglesias y monasterios en Inglaterra que habían sufrido los ataques vikingos. Además, donó riqueza a líderes religiosos cristianos y comunidades monásticas. El cristianismo era nuevo y estaba en aumento en Dinamarca durante la época del gobierno de Canuto, y su hermana Estrid fue la patrona de la primera iglesia construida en Dinamarca. La evidencia en la poesía que rodea la imagen del rey Canuto sugiere que también era aficionado a los ritos paganos. Debido a esto, los historiadores no están seguros sobre si estaba profundamente dedicado al cristianismo, o utilizó la religión como una herramienta para reforzar su dominio sobre el pueblo cristianizado de Inglaterra. A menudo regalaba tierras e incluso exenciones fiscales a monasterios e iglesias, pero las iglesias no eran las únicas entidades que disfrutaban de sus dones. A menudo enviaba reliquias, libros religiosos grabados en oro y donaciones en monedas a sus vecinos como signo de su deseo común de una Europa unificada en la fe cristiana.

Después de la muerte de Canuto en 1035, los reinos que gobernó fueron divididos una vez más. Inglaterra no aceptó al nuevo rey danés, Hardeknut, como su gobernante porque pasaba demasiado tiempo en Dinamarca. Sin embargo, en 1040, logró juntar las coronas de Dinamarca e Inglaterra una vez más, pero solo durante los próximos dos años. Eduardo el Confesor regresó de su exilio en Normandía e hizo un tratado con Hardeknut, que declaró que, si Hardeknut no tenía sucesores masculinos al trono inglés, la corona iría a Eduardo. Hardeknut murió en 1042, y Eduardo se convirtió en rey, trayendo la influencia normanda a Inglaterra que allanaría el camino para la invasión en 1066 por Guillermo el Conquistador.

# Capítulo 5 – Invasión Normanda

*Representación de los normandos aterrizando en Inglaterra*
*https://en.wikipedia.org/wiki/Norman_conquest_of_England#/media/File:BayeuxTapestryScene39.jpg*

Mientras Eduardo el Viejo y su hermana hacían campaña en Inglaterra para recuperar los territorios conquistados por los daneses, en Francia un vikingo estaba siendo nombrado el primer gobernante de Normandía. En el año 911, los vikingos obtuvieron permiso para establecerse en Normandía, la parte norte de Francia, como parte del Tratado de Saint-Clair-sur-Epte, firmado entre su líder Rollón y el rey francés, Carlos el Simple.

Como las primeras menciones de Rollón están en textos históricos que describen el asedio de París del año 885 al año 886, ninguna evidencia confirma su origen. Diferentes fuentes afirman que era de ascendencia danesa, noruega y sueca, pero ninguna de estas fuentes es coetánea. Sus biógrafos mencionan su amistad con el rey inglés Alstem, a quien los historiadores reconocen como Guthrum, un rey danés que tomó el nombre de Athelstan después de ser bautizado.

Rollón convenció a Carlos el Simple de que él y sus compañeros vikingos serían buenos aliados de los francos. A cambio de la protección contra nuevas incursiones vikingas, Carlos le concedió las tierras entre la desembocadura del río Sena y la ciudad de Rouen. Rollón fue bautizado y se suponía que se casaría con Gisela, hija del rey Carlos. No hay evidencia de que este matrimonio tuviera lugar, lo que podría sugerir que ella era su hija ilegítima o que nunca existió.

Los colonos vikingos en Francia formaron una nueva entidad política. Eran nórdicos, pero, en francés, esta palabra tomó una forma ligeramente diferente: los normandos. Los vikingos que vivían en Francia se adaptaron a la cultura. Hablaban francés, estaban cristianizados y se casaban con mujeres francesas. Estaban creando una nueva identidad para sí mismos, y estaban creando Normandía. Poco a poco, expandieron sus territorios e incluso ganaron Bretaña. Solo unas pocas generaciones tardaron en alcanzar la convergencia, pero los normandos siempre fueron conocidos como una sociedad con los guerreros más disciplinados de Europa.

El rey inglés Etelredo el Indeciso se casó con la princesa normanda Emma de Normandía en 1002. Su hijo, Eduardo el Confesor, pasó muchos años en el exilio en la corte de la familia de su madre en Normandía, obligado a huir antes de las invasiones vikingas. Regresó a Inglaterra cuando Hardeknut lo invitó a ser su heredero, donde tomó el trono y comenzó a gobernar en 1042. Fue un rey influenciado por la política normanda, y trabajó para los intereses normandos en Inglaterra. Trajo clérigos, cortesanos e incluso soldados normandos para apoyarlo en su gobierno de Inglaterra, ya que se sentía más cerca de los orígenes de su madre después de pasar casi veintiocho años en Normandía. Algunos historiadores incluso argumentan que fue Eduardo quien comenzó la invasión normanda de Inglaterra. Tras su coronación en 1043, tres clérigos normandos recibieron obispados en Inglaterra. Eduardo también trajo gente poderosa de Normandía que comenzó a construir castillos en lugar de salones sajones. Concedió puertos de Sussex al Fécamp Abby de Normandía e incluso una parte del puerto de Londres a comerciantes de Rouen.

Cuando Eduardo murió, sin dejar ningún heredero aparente, comenzó la lucha por el trono inglés. Oficialmente, Harold Godwinson de Wessex fue coronado rey, pero el duque Guillermo de Normandía afirmó que Eduardo le prometió la corona a su muerte y que Harold estaba presente y juró ante reliquias sagradas que se inclinaría ante Guillermo. Un reclamo similar vino del rey de Noruega, Harald Hardrada, quien dijo que el trono inglés le fue prometido por el predecesor de Eduardo, el rey Hardeknut. Tanto Guillermo de Normandía como Harald de Noruega prepararon sus ejércitos para invadir Inglaterra.

Harald Hardrada reunió 300 barcos para su invasión y desembarcó en suelo inglés del norte en septiembre de 1066. En ese momento, el rey inglés Harold y su ejército estaban en el sur, esperando la invasión de Guillermo de Normandía. Les tomó algún tiempo girar hacia el norte y reunirse con el ejército noruego para defender a Inglaterra de la invasión. En la batalla de Stamford Bridge, Harold logró sorprender a los noruegos y ganar. El rey Harald Hardrada fue asesinado, y Noruega sufrió tales pérdidas que solo necesitaron veinticuatro barcos de los 300 iniciales para llevar a los sobrevivientes a casa. Harold Godwinson pudo haber salido victorioso, pero su ejército también fue debilitado después del ataque noruego, y aún no se había enfrentado a Guillermo de Normandía.

Guillermo el Conquistador

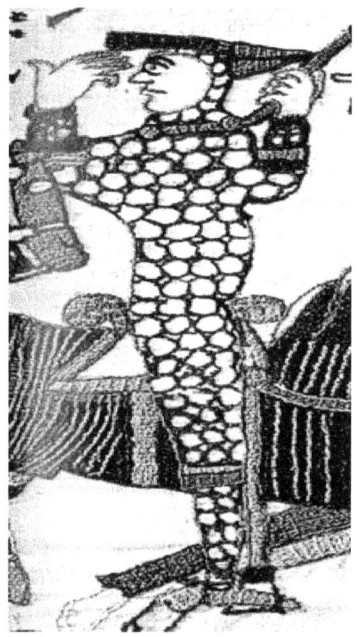

*Guillermo el Conquistador representado en el Tapiz de Bayeux*
*https://en.wikipedia.org/wiki/William_the_Conqueror#/media/File:Bayeuxtapestryw
illiamliftshishelm.jpg*

Guillermo de Normandía era el hijo ilegítimo de Roberto I y Herleva, la hija de un curtidor. Probablemente era miembro de la casa del duque de Normandía, pero nunca se casó oficialmente con Roberto. Guillermo nació en 1027 o 1028; se desconoce la fecha exacta. Roberto nombró a Guillermo como su heredero e incluso convenció a sus nobles para que juraran lealtad a Guillermo. Roberto se marchó para hacer una peregrinación a Jerusalén, y murió en Nicea durante su camino de regreso a Normandía en 1035. Guillermo se enfrentó a algunos desafíos al convertirse en duque de Normandía. Era demasiado joven y un hijo ilegítimo. La evidencia escrita que ha sobrevivido sugiere que solo tenía siete u ocho años cuando Roberto murió. Pero tuvo el apoyo de su tío abuelo Roberto, que era arzobispo, y del rey de Francia, Enrique I.

El arzobispo Roberto murió en 1037, dejando a Guillermo con un solo partidario. Normandía cayó en una anarquía que duró diez años. Hubo muchos intentos de asesinar al joven duque, y tuvo que cambiar de guardián varias veces durante su infancia. Algunos fueron asesinados mientras estaban de servicio; otros, por miedo a sus vidas, tuvieron que abandonar a Guillermo. A menudo, tenía que esconderse en las casas de los campesinos para evitar ser asesinado. Tres primos protegieron a Guillermo y más tarde disfrutarían de su gratitud y se convertirían en consejeros influyentes: Guillermo FitzOsbern, Roger de Beaumont y Roger de Montgomery. El joven Guillermo continuó teniendo el apoyo del rey Enrique I, pero este apoyo no pudo detener la rebelión abierta en la parte baja de Normandía en 1046. El objetivo de la rebelión era capturar a Guillermo, pero logró escapar, y el rey Enrique le dio refugio. Juntos regresaron a Normandía en 1047, donde ganaron la Batalla de Val-es-Dunes contra los rebeldes cuyo líder era Guy de Borgoña, un hombre que reclamaba el Ducado de Normandía. Guillermo asumió los títulos y el poder de Guy en Normandía. Para limitar la violencia a lo largo de su ducado, promovió la "Tregua de Dios", una ley que prohibía luchar en ciertos días (como el domingo y los días festivos).

Aunque Guillermo recuperó su posición de poder en Normandía, todavía tenía que luchar contra la nobleza que estaba ahí. Primero siguió a Guy de Borgoña, que se había retirado a su castillo en Brionne. Después de sitiarlo, Guillermo logró derrotar a Guy y exiliarlo en 1050. Con la ayuda del rey Enrique, Guillermo logró asegurar las fincas de la familia Bellême, que estaban estratégicamente posicionadas para asegurar su independencia de tres señores franceses. Pero al rey Enrique no le gustó el poder en constante crecimiento de Guillermo y su ducado. También quería conservar su dominio sobre Normandía, que estaba creciendo de manera independiente muy rápido. El rey Enrique unió fuerzas con Godofredo II, llamado Martel (Martillo), conde de Anjou, y decidió atacar a Guillermo. Al mismo tiempo, los nobles de Normandía se rebelaron de nuevo contra el gobierno de Guillermo. En 1054, el rey

Enrique lanzó un ataque contra Normandía al mismo tiempo que se estaba produciendo la rebelión. Guillermo se vio obligado a dividir sus fuerzas y librar la guerra en dos frentes. Los partidarios de Guillermo le ayudaron a derrotar fácilmente a los rebeldes, pero su disputa con el rey de Francia continuó hasta 1060, cuando Enrique murió, y el poder se trasladó completamente a Guillermo. Guillermo tuvo la ayuda de uno de los territorios franceses más poderosos, Flandes. Estuvo casado con Matilda de Flandes, hija del conde Balduino V de Flandes, en 1049 o 1050. Este matrimonio reforzó el poder de Guillermo, y tuvo cuatro hijos y seis hijas con Matilda.

Guillermo era a menudo descrito como un hombre fuerte con mucha resistencia. Se dice que no tenía rival en tiro con arco o en equitación. Aunque no había un retrato oficial de él completado mientras estaba vivo, los exámenes de su fémur muestran que era aproximadamente cinco pies y diez pulgadas de alto. Fue bendecido con buena salud hasta la vejez, pero ganó mucho peso en sus años maduros. Guillermo era descendiente de Rollón, un verdadero nórdico. Como tal, fue educado en la guerra. Ganó su primera batalla cuando solo tenía diecinueve años, y fue despiadado. Podía mandar y doblar a la gente a su voluntad; era un verdadero líder con poder sobre Normandía, una sociedad guerrera.

La *Crónica anglosajona* afirma que Guillermo visitó Inglaterra una vez, en 1051, y este podría ser el año en que el rey Eduardo le prometió la corona. Sin embargo, tal viaje es poco probable, ya que, en ese momento, Guillermo estaba ocupado luchando contra el conde de Anjou.

## La batalla de Hastings

*Representación de la batalla de Hastings*
https://en.wikipedia.org/wiki/Battle_of_Hastings#/media/
File:Bayeux_Tapestry_scene57_Harold_death.jpg

Guillermo reunió un gran ejército, incluyendo soldados no solo de Normandía, sino de toda Francia. Contó con la ayuda de hombres de Bretaña, así como contingentes de Flandes. La fuerza se reunió en Saint-Valery-sur-Somme y esperó a que se terminara la construcción de la flota. La historia no detalla el número exacto del ejército de Guillermo, aunque las investigaciones modernas estiman que este número está entre 7.000 y 12.000 hombres. Algunos entusiastas llegaron a afirmar que Guillermo tenía un ejército de 150.000 hombres, pero ese número está muy inflado. También se desconoce el número de barcos que transportaron el ejército a Inglaterra. Aunque la flota estaba lista a principios de agosto, Guillermo decidió esperar. La razón pudo ser que los vientos que no eran adecuados para la navegación o que la inteligencia de Inglaterra notificándole la posición del ejército del rey Harold. Una cosa es cierta: Harold movió a su ejército para hacer frente a la invasión desde Noruega, lo que le dio a Guillermo la oportunidad de hacer un desembarque controlado en territorio inglés.

Después de la victoria de Harold sobre los noruegos el 25 de septiembre, Guillermo cruzó el canal de la Mancha y aterrizó en Sussex el 28 de septiembre. Inmediatamente después de aterrizar, Guillermo ordenó la construcción de un castillo de madera en Hastings. Este castillo sirvió como base desde la que los normandos asaltaban las áreas circundantes. Las incursiones no solo daban suministros al ejército normando, sino que también sirvieron para antagonizar a Harold y asegurarse de que era el primero en atacar, para detener las incursiones. Las tierras alrededor de Hastings eran propiedad de la familia de Harold y deberían haber alimentado al ejército inglés, no a los normandos.

Para asegurar las partes septentrionales de su reino, Harold se vio obligado a dejar una gran parte de su ejército allí. Comenzó una marcha hacia el sur con el resto del ejército, y fue en esta marcha en la que se enteró de que Guillermo ya había aterrizado en Sussex. Para recuperar sus fuerzas, Harold tuvo que pasar una semana en Londres antes de ir a conocer a Guillermo. También esperaba que el ligero retraso le diera ventaja y poder atrapar a Guillermo por sorpresa, pero los exploradores normandos conocían en todo momento la posición exacta del ejército inglés. Guillermo decidió dirigir su ejército y conocer a Harold al aire libre. Harold, por otro lado, tomó una posición defensiva en Senlac Hill, que estaba a solo diez kilómetros de Hastings.

Al igual que ocurre con el ejército de Guillermo, el tamaño del ejército de Harold es desconocido. Fuentes normandas afirman que el número estaba entre 400.000 y 1,2 millones, lo que es una exageración obvia con fines de propaganda. Los historiadores estiman que el número real no superó los 13.000. Lo más probable es que el ejército estuviera formado por entre 7.000 y 8.000 hombres ingleses. El ejército inglés estaba compuesto por *fyrds*, un grupo de representantes seleccionados (en su mayoría aldeanos) de hogares que estaban obligados a servir al ejército, y los *housecarls*, tropas al servicio personal a alguien, iguales a los nobles o guardaespaldas de los reyes. Ambos luchaban a pie, pero la principal diferencia estaba en su armadura. El ejército inglés también estaba conformado por *thegns*, las élites locales o nobles que poseían tierras. Por lo general luchaban al lado de los guardaespaldas. Aunque hay evidencia de que Eduardo el Confesor, influenciado por la herencia normanda, construyó castillos que sirvieron como centros de entrenamiento para la caballería, el ejército inglés no los usó con gran éxito. No hay registros de caballería en el ejército del rey Harold que luchó en Hastings.

La principal diferencia entre los ejércitos normando e inglés era la falta de arqueros en el lado inglés. El ejército normando estaba formado por infantería, caballería y arqueros. La armadura principal era la cota de maya de cadenas, con escamas de metal o cuero endurecido unidas a ella. En sus cabezas, los soldados solían usar cascos metálicos con piezas metálicas prolongadas para proteger sus narices. Los escudos de infantería eran redondos y de madera reforzada por metal. Los jinetes tenían escudos en forma de cometa, y algunos de ellos estaban equipados con lanzas. Las espadas utilizadas tanto por la infantería como por la caballería eran largas, rectas y de doble filo. Algunos soldados pueden haber usado mazas en lugar de espadas, y la infantería también tenía lanzas largas. La mayoría de los arqueros no tenían ninguna armadura especial, y usaban arcos simples o ballestas.

Hay muchos relatos de la batalla de Hastings, pero se contradicen entre sí, y es imposible construir una descripción precisa de la batalla. Un hecho en el que todos los registros históricos coinciden es en que la batalla comenzó a las 9 de la mañana del sábado 14 de octubre de 1066. Los registros también coinciden en que la batalla se libró hasta el anochecer. Fuentes normandos mencionan que Guillermo tenía su ejército listo y armado durante la noche antes de la batalla, esperando un ataque sorpresa por parte de los ingleses.

La organización normanda de las fuerzas se describe mejor, y se sabe que Guillermo dividió su ejército en grupos por su origen. El grupo de izquierda estaba formado por bretones, que lucharon junto con las tropas de Anjou, Poitou y Maine y fueron dirigidos por Alan el Rojo. El grupo central fue construido por normandos y dirigido por el conde Guillermo. Estaba rodeado por sus primos y otra nobleza leal. El grupo de la derecha estaba bajo el mando de Guillermo FitzOsbern y consistía en soldados franceses que luchaban junto a las tropas de Flandes. Los arqueros formaron la línea del frente, seguidos por la infantería con lanzas largas. La caballería fue retenida como reserva. El ejército fue seguido por clérigos y una plétora de sirvientes que no se esperaba que lucharan. Estaban esperando a una distancia segura, observando la batalla.

La batalla comenzó con los arqueros normandos disparando a la pared del escudo inglés. Los arqueros no lograron mucho, teniendo en cuenta que el ejército inglés estaba situado cuesta arriba en una pendiente. Esto significaba que las flechas rebotaban fácilmente en los escudos. Como el ejército de Harold no tenía arqueros o tenía muy pocos, los normandos no tenían flechas para recoger y reutilizar. Guillermo envió infantería para tratar de romper la pared del escudo inglés, pero fueron recibidos por rocas, hachas y lanzas lanzadas y no pudieron acercarse. La caballería fue la siguiente, pero tampoco pudo avanzar, y Guillermo se vio obligado a ordenar un retiro. Se rumoreó que el conde ya estaba muerto, y los soldados normandos comenzaron a entrar en pánico en su retirada mientras el ejército inglés los perseguía. Es muy posible que la persecución de los soldados ingleses fuera espontánea y que Harold no lo ordenara. Al oír el rumor, Guillermo cabalgó a través de su ejército, mostrando su rostro y gritando que todavía estaba vivo, aumentando la moral y el coraje de su ejército. Los normandos organizaron un contraataque contra los ingleses, que rompieron sus filas en persecución. Las fuerzas de Harold intentaron reorganizarse en una colina, pero rápidamente se abrumaron.

A primera hora de la tarde, se produjo un descanso en los combates, y Guillermo aprovechó la oportunidad para cambiar de táctica. Inspirado por los métodos del ejército inglés, Guillermo trató de enviar la caballería primero y pretender que se retiraba para motivar al ejército inglés a romper sus filas y emprender otra persecución. Después de la batalla de Hastings, la táctica de la retirada fingida fue utilizada regularmente por los ejércitos normandos. La pared del escudo se sostuvo, pero esta estratagema adelgazaba la línea de los guardias. El desarrollo posterior de la batalla no es seguro, pero algunas fuentes afirman que tres caballos fueron asesinados bajo el duque Guillermo durante la batalla.

Harold, rey de Inglaterra, murió durante la batalla, y los historiadores suponen que estaba cerca del final de la lucha. No está muy claro exactamente cómo murió el rey, pero las fuentes de 1080 mencionan una flecha a la vista. También hay un tapiz que representa la muerte del rey Harold que contiene dos figuras una al lado de la otra, una muriendo debido a la flecha en su ojo, la otra debido a una espada. No se conoce cuál de las dos figuras representa al rey. También se desconoce quién mató a Harold, pero probablemente fuera un caballero, posiblemente ni siquiera se dio cuenta de quién estaba frente a él durante el frenesí de la batalla. Si es cierto que murió debido a una flecha, sería imposible decir quién la disparó.

Cuando su líder murió, las fuerzas inglesas comenzaron a colapsar y no pudieron mantener la línea. Los nobles y guardianes se reunieron alrededor del cuerpo de Harold y lucharon hasta el final, pero muchos soldados huyeron del campo de batalla. Este fue el final de la batalla, a pesar de que la caballería normanda decidió seguir huyendo de los ingleses.

### Las secuelas de la batalla y las rebeliones

Después de la batalla, Guillermo esperaba que los nobles ingleses sobrevivientes se inclinaran ante él. En cambio, Edgar Etheling (o Aetheling), último heredero sobreviviente de la casa de Wessex, fue proclamado rey por el *Witenagemot* (parlamento anglosajón), aunque nunca fue coronado. Disgustado, Guillermo comenzó una marcha hacia Londres con la esperanza de que conquistarlo. En Southwark fue atacado por una fuerza inglesa que fue enviada para detener su avance. Derrotó esta fuerza, pero no pudo acercarse al Puente de Londres y se vio obligado a dar la vuelta. Cruzó el Támesis en Wallingford y aceptó la sumisión de Stigand, arzobispo de Canterbury. Londres envió fuerzas constantemente para atacar a Guillermo, pero ninguno de los ataques detuvo su acercamiento al lado noroeste de la ciudad. Cuando los normandos comenzaron a acercarse a Londres, los partidarios de Edgar Etheling comenzaron a abandonarlo y negociar con Guillermo. A principios de diciembre, los nobles se reunieron y decidieron llevar al joven Edgar a conocer a Guillermo y someterse a él. Edgar hizo lo que se le pidió y se inclinó ante Guillermo en su ceremonia de coronación en la Abadía de Westminster en 1066. Edgar Etheling recibió tierras, y permaneció cerca de Guillermo el Conquistador, pero nunca fue castigado. Al año siguiente, Guillermo regresó a Normandía con prisioneros ingleses, y Edgar estaba entre ellos. Sin embargo, al año siguiente, Edgar estaba de vuelta en Inglaterra, donde pudo o no haber participado en las rebeliones que siguieron. Terminó en Escocia, donde el rey Malcolm III Canmore se casó con su hermana Margaret. Con este matrimonio, Edgar aseguró el apoyo escocés para volver a ganar el trono de Inglaterra.

A la salida de Guillermo hacia Normandía, dejó el control de Inglaterra a su medio hermano, Odo, y a su partidario, Guillermo FitzOsbern. Los ingleses no esperaron mucho antes de lanzar la primera rebelión. Comenzó en 1067 en Kent con un ataque fallido en el castillo de Dover. En Mercia, un terrateniente conocido como Eadric el Salvaje (o Silvaticus) luchó junto con el rey galés de Gwynedd y Powys contra las fuerzas normandas en Hereford despiadadamente. Guillermo decidió regresar a Inglaterra en 1068 y lidiar con la revuelta personalmente. Después de someter a los rebeldes, Guillermo hizo coronar a la reina Matilda en Westminster, algo que reflejaba su creciente estatura internacional. Más tarde ese mismo año, Edwin y Morcar, ex condes de Mercia y Northumbria, iniciaron una revuelta en los territorios de Mercia. En Northumbria, un conde recién nombrado, Gospatric, también lideró un levantamiento en sus propias tierras. Guillermo se movió rápidamente contra estas rebeliones y las sometió con las mismas tácticas que usó en el sur de Inglaterra, donde arrasó castillos y fortalezas.

En 1069, Edgar regresó de Escocia y unió fuerzas con Gospatric y Siward Barn, un terrateniente inglés. Juntos masacraron al nuevo conde de Northumbria, el normando Roberto de Comines y su ejército. El gobernador normando de York también fue asesinado, y los rebeldes sitiaron el castillo de York. Guillermo se apresuró a traer ayuda y logró derrotar a los rebeldes fuera de York, pero no se detuvo con los rebeldes. Para evitar futuros levantamientos, entró en la ciudad y masacró a su población. Supervisó la construcción de un nuevo castillo en York y reforzó el ejército en Northumbria antes de volver al sur. Durante muchos años más se sucedieron pequeñas rebeliones en todo el país, pero Guillermo no tuvo dificultades para sofocarlas. Es interesante notar que los rebeldes a menudo se refugiaron en los bosques, durmiendo bajo el cielo abierto. Esta práctica proporciona la base para muchas leyendas de forajidos del bosque, siendo Robin Hood el más famoso entre ellos. El nombre de Eadric el Salvaje sugiere que fue uno de los primeros rebeldes que habitaron los bosques. Los normandos fueron los que llamaban a estos rebeldes *silvatici* (los salvajes), y creció la leyenda de que preferían los bosques para no ablandarse en la comodidad de casas y camas.

Durante 1070, Guillermo se estableció brevemente en la región de Cheshire en Mercia, donde sofocó con éxito otra rebelión y condujo a Edgar y sus partidarios de vuelta a Escocia. Al regresar al sur, fue visitado por los legados papales que lo volvieron a coronar, otorgando la aprobación del papa de su conquista de Inglaterra. Todos sus pecados de la batalla de Hastings y otras campañas en suelo inglés fueron perdonados por los legados papales. Las crónicas normandas dicen que Guillermo tenía la aprobación papal de la conquista inglesa incluso antes de cruzar el canal de la Mancha en primer lugar, pero no hay evidencia que respalde esta afirmación.

En 1069, una gran flota danesa enviada por el rey Svend II desembarcó en Inglaterra, comenzando más rebeliones en todo el país. Al año siguiente, Svend llegó a Inglaterra en persona para tomar el control de sus fuerzas y unirse a los rebeldes liderados por Hereward el Proscrito. Sin embargo, Svend estaba muy desalentado por ataques. Guillermo simplemente le ofreció un pago de Danegeld (un tributo a los invasores vikingos), y los daneses regresaron a casa. El último movimiento de resistencia se organizó en 1071, cuando Edgar y los rebeldes exiliados regresaron de Escocia y unieron fuerzas con Hereward el Proscrito. También se les unió Morcar, cuyo hermano Edwin había sido asesinado antes. Hereward el Proscrito, el líder de la última rebelión, se convirtió en una leyenda en el folclore inglés. Su base estaba en la Isla de Ely en Anglia Oriental. Se le atribuyó un conjunto de hazañas fantásticas, como quemar una torre con una bruja para evitar una maldición, disfrazarse de alfarero para espiar al rey, y burlarse de su némesis, Frederick. Todas las historias que rodean el personaje de Hereward el Proscrito demuestran que fue un líder que se convirtió en un símbolo de rebelión contra el gobierno normando.

# Capítulo 6 – Las consecuencias de la conquista normanda

Guillermo conquistó Inglaterra y, con la codicia y el apetito de un conquistador, saldó impuestos y confiscó las propiedades de los nobles ingleses que fueron asesinados por luchar contra él en la batalla de Hastings o fueron enviados al exilio. Muchos optaron por huir para evitar el castigo por luchar contra Guillermo. Familiares del difunto rey Harold buscaron refugio en Irlanda y lo utilizaron como base desde la que intentaron invadir Inglaterra sin éxito. El mayor éxodo de anglosajones ocurrió en 1070 cuando 235 barcos partieron hacia el Imperio bizantino, donde en su mayoría sirvieron como mercenarios.

Las tierras confiscadas sirvieron como recompensa para los normandos que lucharon junto a Guillermo y fueron sus más fieles partidarios. Los nuevos impuestos y el derrocamiento de la patria inglesa fueron la causa de muchas rebeliones en todo el país, pero ninguna de ellas fue una seria amenaza para el dominio de Guillermo. Mientras que algunos nobles y *thegns* decidieron luchar contra Guillermo, otros accedieron a servirle. Como rey de Inglaterra, Guillermo era consciente de que necesitaba administradores domésticos que entendieran el temperamento del pueblo inglés.

Mantuvo a los alguaciles ingleses, y los monasterios se mantuvieron gobernados por abades locales. Regenbald, un funcionario real durante el gobierno de Eduardo el Confesor, se convirtió en el canciller de Guillermo. Aunque su nombre sugiere que era normando o alemán, probablemente era un extranjero naturalizado en la corte inglesa.

En 1086, solo dos familias nobles inglesas pudieron retener sus tierras, y esto se logró mediante la colaboración con el régimen de Guillermo. Eran Coleswain de Lincoln y Thurkill de Arden. Todas las demás tierras fueron dadas a los magnates normandos, que a su vez prometieron abastecer al rey con un ejército en tiempos de necesidad y con caballeros que entrarían al servicio del rey. La tierra inglesa estaba destinada a producir apoyo para el ejército ocupacional.

Guillermo implementó la ley bajo la cual todas las tierras en Inglaterra eran propiedad del rey, y los pequeños terratenientes se convirtieron en inquilinos de tierras. Los impuestos a los inquilinos de la tierra eran duros, y muchos decidieron abandonar los campos y pastos que poseían. Las tierras abandonadas pronto fueron habitadas por familias normandos que decidieron mudarse a Inglaterra y establecerse en estas nuevas tierras de oportunidad. El patrón de colonización normanda de Inglaterra continuó hasta bien entrado el siglo XII. Con los nuevos colonos llegó un nuevo idioma. El anglonormando, nórdico antiguo fuertemente influenciado por el francés antiguo, fue introducido en la sociedad inglesa. Este era ahora el idioma de la clase dominante de Inglaterra. El cambio más obvio fue en los nombres personales. William, Roberto y Ricardo eran ahora nombres masculinos populares, mientras que los nombres femeninos cambiaron más lentamente. Cuando los escandinavos invadieron Inglaterra, los nombres de los lugares cambiaron rápidamente, pero este no fue el caso después de la invasión normanda. Por alguna razón, las ciudades, pueblos y territorios ingleses mantuvieron sus nombres. Aunque muchos funcionarios reales, artistas y comerciantes eran bilingües y hablaban tanto normando como inglés, el propio Guillermo nunca se molestó en aprender inglés, y el idioma no fue bien entendido entre la nobleza. La lengua normanda se convirtió en el idioma de la ley, y como tal, usó palabras francesas como "*crime*" (crimen), "*contrat*" (contrato), "*master*" (maestro), "*treason*" (traición) y "*felony*" (delito). También fue el lenguaje del comercio; palabras como "*money*" (dinero) y "*payment*" (pago) también se tomaron prestadas del francés.

Las leyes inglesas seguían siendo válidas, ya que los normandos no tenían leyes propias. Guillermo declaró que las leyes de Eduardo el Confesor seguían siendo válidas, y también implementó algunas de las leyes escritas en la época del rey Canuto. Con el tiempo, los normandos introdujeron algunas de sus propias leyes, pero, en su mayoría, utilizaron las existentes. La administración fue otro aspecto del dominio inglés que sobrevivió. Una vez más, ante la falta de un sistema propio, los normandos se apresuraron a aceptar la estructura administrativa que ya estaba en vigor en toda Inglaterra. Los nombres cambiaron, pero las instituciones se mantuvieron iguales. *Los thegns* eran ahora llamados caballeros, pero continuaron sirviendo como maestros y jueces del territorio. Las comarcas y el diezmo se mantuvieron iguales. Los impuestos funcionaban exactamente igual. El servicio militar también era de origen inglés y no cambió, aunque se mejoró el entrenamiento y la vivienda de las tropas. Incluso el Witenagemot, el parlamento anglosajón, permaneció inalterado y gozó de sus antiguos privilegios.

Se desconoce en gran medida de qué forma cambió la vida bajo el nuevo régimen en los niveles más bajos de la sociedad. La esclavitud fue eliminada, y desapareció por completo en el siglo XII. La causa más probable de la desaparición de la esclavitud fueron los nuevos impuestos, que no permitían a los nobles mantener esclavos en sus hogares. Además, la Iglesia desaprobó en gran medida la esclavitud, y la Iglesia tenía una enorme influencia en la nobleza. La mayoría de los aldeanos libres cayeron repentinamente bajo la servidumbre, una forma de servidumbre por deudas. Podrían ser vendidos y comprados como esclavos, pero podían mantenerse a sí mismos. A cambio de su servidumbre, el señor de la finca que servían les proporcionaría protección y suficiente tierra para proveer para sus propias familias. No se les permitió vender esa tierra; de hecho, no tenían derecho sobre sus propias vidas y cuerpos. Se les prohibió salir de la tierra donde servían y solo podían casarse con el permiso de su señor. Las aldeas se centraron más y reemplazaron por completo las granjas dispersas. Las ciudades estaban creciendo en tamaño y número a medida que atraían a nuevos colonos. El estatus de las mujeres campesinas del siglo XI es completamente desconocido, pero probablemente no cambió mucho con la invasión normanda. Las damas nobles, por otro lado, tenían derecho a poseer tierras e influir en la política a través de sus parentescos y relaciones. A algunas incluso se les permitió deshacerse de sus propiedades como quisieran, sin el permiso de parientes masculinos.

En los primeros años después de la invasión normanda, la apariencia general de los ingleses y normandos difería, y no solo en ropa y armadura. Los ingleses llevaban el pelo largo, mientras que los normandos lo llevaban corto, incluso afeitado. Los ingleses lograron influir en los normandos, y pronto, a través de la mezcla de personas, se hizo imposible notar la diferencia.

El paisaje de Inglaterra también cambió. Los normandos construyeron castillos en su propio estilo, edificios cuadrados con paredes extremadamente gruesas y pequeñas ventanas. El castillo fue utilizado como residencia para la aristocracia, tribunales, fortalezas, cuarteles para soldados y prisiones para delincuentes que se habían saltado la ley. Los castillos fueron construidos en todas partes del país para fortificar los puntos calientes donde se producían rebeliones. Y continuaron sirviendo para el mismo propósito a lo largo de los siglos. La *Crónica anglosajona* menciona que Guillermo creó tal seguridad en Inglaterra que uno podría cruzar todo el reino y no temer por el oro o la vida de uno.

Los normandos inventaron la "ley forestal", que decía que todos los animales y frutas del reino pertenecían al rey. A nadie se le permitía cazar o recoger frutas, ni siquiera recoger leña. Si eran capturados, se dejaría a los perpetradores ciegos. Al principio del gobierno normando, esta ley incluía solo bosques. Sin embargo, la aristocracia pronto construyó parques de conejos y ciervos, y casi un tercio del país cayó bajo esta ley. Por ejemplo, la totalidad de Essex fue acotada y sirvió como la reserva del monarca.

La Iglesia era una parte esencial del reino de Guillermo. A través del Instituto de religión se introdujeron numerosas reformas normandas. Se construyeron muchas iglesias y monasterios nuevos, que fueron habitados por el clero normando. En 1086, solo tres de los veintiún abades eran ingleses. Los sacerdotes y abades normandos no miraban a sus colegas ingleses con simpatía. Algunos incluso se negaron a celebrar a los santos ingleses, llamándolos anticuados. Mientras que numerosos abades normandos eran crueles con los monjes ingleses, algunos eran todo lo contrario. El abad de Selby, por ejemplo, ayudó en la construcción de la iglesia para su comunidad. Se vistió de simple trabajador y compartió comidas con su comuna. Al final de la semana, regaló su paga a los pobres. Un italiano, Lanfranco, fue enviado como arzobispo de Canterbury y se ganó la confianza del nuevo rey, ya que fue él quien se embarcó en el viaje para pedir al papa la aprobación del matrimonio de Guillermo y Matilda. La pareja parecía haber estado estrechamente relacionada, lo que la iglesia no aprobaba. Elaboró el primer borrador de la ley canónica, que complació a Guillermo. El rey ordenó que todos los asuntos de la Iglesia se abordaran en los tribunales eclesiásticos. Lanfranco también ayudó a Guillermo a mantener la iglesia inglesa independiente del papa en Roma. Sin embargo, cuando se trataba de asuntos internos de estado, se mantuvo neutral. Su objetivo en la vida era erradicar la corrupción de la iglesia y hacer cumplir el celibato sobre el clero. Prohibió el matrimonio para el clero inglés en 1076.

Por orden del rey Guillermo el Conquistador en 1086, se realizó un estudio de todo el reino. Esto incluía gran parte de Inglaterra y algunas partes de Gales. El libro fue llamado la "Gran Encuesta", pero es recordado por su nombre popular, "*Domesday Book*". El informe fue escrito en latín medieval, pero algunos de los términos de ciertos dialectos no tenían traducción al latín y fueron escritos en su forma original. El propósito de esta encuesta era determinar los impuestos exactos adeudados a la corona desde la época del reinado del rey Eduardo y tener un registro claro de las tierras distribuidas después de su redistribución a los normandos. El libro tenía el recuento de todo el ganado y las tierras propiedad de todos en el reino, y fue utilizado para aumentar los impuestos, así como la colocación más precisa de las fuerzas militares.

Guillermo murió en el otoño de 1087 mientras estaba en una campaña en Normandía, pero no murió en la batalla. O enfermó de fiebre o se lesionó por el pomo de su silla de montar, que pudo haber reventado algún órgano interno. En los primeros signos de enfermedad, Guillermo fue llevado al monasterio de San Gervasio en Rouen, donde sufrió durante tres semanas antes de morir el 9 de septiembre de 1087.

Guillermo nombró a su hijo mayor Roberto heredero del Ducado de Normandía. Inglaterra fue a parar a su tercer hijo, Guillermo Rufo. Su cuarto hijo recibió un premio de consolación en dinero. Con la carta de su padre a Lanfranco, el joven Guillermo partió hacia Inglaterra el 7 u 8 de septiembre. Antes de su muerte, Guillermo ordenó que todos sus prisioneros fueran liberados. Al morir, el cuerpo de Guillermo fue trasladado a la abadía de Saint-Etienne, también conocida como Abadía de los Hombres, donde deseaba ser enterrado. Al funeral solo asistieron clérigos y su hijo menor Enrique, ya que otros dignatarios habían corrido a casa para ocuparse de sus propios asuntos. Hubo dos incidentes durante el funeral de Guillermo. Primero, un ciudadano se presentó a las puertas de la abadía, alegando que sus tierras fueron concedidas ilegalmente a la iglesia por Guillermo. Este hombre demostró ser correcto y fue compensado. El segundo ocurrió cuando el cuerpo de Guillermo fue bajado a la tumba. No conseguían encontrar su ubicación exacta. Mientras el clero empujaba su cuerpo hacia la tumba, estalló y liberó un hedor sucio que hizo que todos salieran corriendo de la catedral.

# Capítulo 7 – Carrera por el poder

Guillermo Rufo II

*Representación de Guillermo II*
https://en.wikipedia.org/wiki/William_II_of_England#/media/
File:Willliam_II_of_England.jpg

La muerte de Guillermo el Conquistador fue seguida por el desorden. La consecuencia más inmediata fue la guerra entre sus hijos por el control de Inglaterra y Normandía. La autoridad ducal se perdió en Normandía, y la nobleza logró apoderarse de gran parte del poder.

Guillermo el Conquistador había decidido dividir las tierras que gobernaba entre sus dos hijos. Guillermo II, también conocido como Guillermo Rufo, se convirtió en rey de Inglaterra, mientras que su hermano Roberto se hizo cargo de Normandía. Esta división presentaba muchos problemas para los nobles que poseían tierras en ambos reinos, especialmente porque Guillermo y Roberto mostraban signos de rivalidad desde una edad temprana. Los nobles tenían que trabajar duro para complacer a ambos señores, pero la tarea era imposible. Siempre tenían miedo de disgustar a uno u otro gobernante. La solución a los problemas de la aristocracia era unir una vez más a Inglaterra y Normandía bajo un solo gobernante. Solo un año después de ascender al trono de Inglaterra, Guillermo Rufo se enfrentaba a una rebelión. En 1088, el obispo Odo de Bayeux, medio hermano de Guillermo el Conquistador, lideró un levantamiento que tenía como objetivo reemplazar a Guillermo Rufo con su hermano Roberto. Pero Guillermo II obtuvo el apoyo de todos los obispos de Inglaterra y algunos de los principales magnates normandos de Inglaterra.

Los rebeldes tenían sus propios castillos en el territorio de Inglaterra y los reforzaron. Su plan era asaltar territorios vecinos para desafiar al rey Guillermo a responder con el ejército. En caso de que el rey no respondiera, el plan era seguir atacando tierras inglesas y causar anarquía feudal, un problema que el rey tendría que abordar tarde o temprano. Pero el rey logró dividir a sus enemigos. Prometió que a los que se pusieran de su lado se les daría dinero y tierra. Los normandos codiciosos no podían rechazar tal oferta. Guillermo también apeló al pueblo inglés, prometiendo las mejores leyes posibles que funcionarían a su favor, si solo suministraban a su ejército. Con el enemigo dividido y el apoyo asegurado del pueblo,

Guillermo finalmente atacó a los rebeldes. El asedio de su centro de poder, el castillo de Pevensey en Sussex, duró seis semanas. Guillermo salió victorioso, e incluso capturó a Odo, el líder rebelde. El siguiente objetivo fue el castillo de Rochester en Kent, y una vez más, Guillermo no encontró una seria oposición. La suerte jugó un gran papel en su fácil victoria sobre los rebeldes: las fuerzas que Roberto envió desde Normandía para ayudar a Odo nunca llegaron debido al mal tiempo.

Después de la rebelión, Guillermo mostró misericordia con los nobles que luchaban contra él. Odo fue exiliado a Normandía y nunca pisó suelo inglés durante el tiempo que vivió. De esta manera, Guillermo exilió a nobles que no le eran útiles y mostró misericordia con aquellos que tenían el potencial de ser grandes aliados. A algunos incluso les permitió mantener sus tierras y propiedades en Inglaterra, mientras que aquellos que se pusieron del lado del rey durante la rebelión fueron recompensados con tierra y dinero. Guillermo usó el ejército inglés para aplastar la rebelión, y los ingleses proporcionaron suministros para el ejército. Con este acto, logró reavivar la identidad nacional inglesa y ganarse su confianza. El pueblo inglés ya no solo luchaba por sus tierras; estaban luchando por su rey.

En 1091, Guillermo II decidió invadir Normandía y desafiar el gobierno de su hermano. Se las arregló para tomar parte de las tierras, pero también hizo las paces con su hermano. Le prometió a Roberto que le ayudaría a recuperar Maine, pero pronto, abandonó estos planes. Hasta el final de su vida, Guillermo estuvo decidido a defender sus intereses en Normandía, y a menudo estuvo involucrado en la política de Francia. En 1097, Roberto decidió unirse a las Cruzadas, y dejó Normandía a Guillermo como regencia. Para apoyar la decisión de su hermano, Guillermo recaudó impuestos adicionales al pueblo de Inglaterra, que le condenó por ello. Guillermo sirvió como regente de Normandía hasta su muerte en 1100.

En 1091, y de nuevo en 1093, Guillermo se enfrentó a una invasión de Escocia. Malcolm III de Escocia esperaba que pudiera reclamar una gran parte del territorio del norte de Inglaterra, pero fue rechazado por el ejército de Guillermo. Durante la invasión de 1093, Malcolm y su hijo Eduardo fueron asesinados, y su hermano Donald se apoderó del trono de Escocia. Sin embargo, Guillermo dio su apoyo al segundo hijo de Malcolm, Duncan II, quien logró mantener el poder por un corto período de tiempo. Fue sucedido por el cuarto hijo de Malcolm, Edgar, quien también tuvo el apoyo de Guillermo II. Con la ayuda del ejército inglés, Edgar logró eliminar a Donald en 1097. Para mostrar gratitud a Guillermo, reconoció su autoridad y asistió regularmente a la corte inglesa.

Guillermo murió durante una cacería el 2 de agosto de 1100, en el Nuevo Bosque. Fue asesinado por una flecha que le atravesó los pulmones, pero si fue un accidente o un disparo deliberado no está probado. Las crónicas posteriores atribuyen el disparo a un noble, Walter Tirel, quien lanzó un tiro a un ciervo, pero alcanzó al rey en su lugar. La exactitud de este informe es cuestionable, ya que los cronistas que lo escribieron vivieron mucho más tarde. Los accidentes no fueron nada inusual durante una cacería, y es muy posible que así muriera Guillermo Rufo. Los historiadores también atribuyen al hermano menor de Guillermo, Enrique, por el asesinato del rey, ya que él es el que heredaría el trono de Inglaterra. Aunque la teoría de la trama y el asesinato es interesante, no hay suficiente evidencia para apoyarla. El relato oficial de la muerte de Guillermo sigue siendo un accidente de caza.

Durante su vida, Guillermo nunca tomó una esposa o siquiera una amante. Nunca engendró un hijo, y no tenía ningún heredero aparente. Este hecho es lo que más tarde comenzó el rumor de que era homosexual, pero nunca fue acusado de ello durante su reinado. Los futuros cronistas llegan a llamarlo sodomita, pero esta podría ser la opinión sesgada del clero, ya que Guillermo estaba en constante disputa con la Iglesia. Sin embargo, la falta de mujeres en la vida de Guillermo también podría haber sido una señal de que había hecho un voto de castidad y celibato, lo cual no era raro para las personas de la Edad Media. Aun así, los historiadores admiten que era ciertamente infrecuente para un rey. Se esperaba que se casara al menos con fines políticos, y es posible que el rey estuviera esperando la oportunidad correcta para el matrimonio.

### Enrique I de Inglaterra

*Retrato de Enrique I*

*https://upload.wikimedia.org/wikipedia/commons/c/ca/ Henry_I_Cotton_Claudius_D._ii%2C_f._45v..jpg*

Cuando Guillermo Rufo II murió, su hermano menor Enrique corrió a Winchester, donde persuadió a los barones ingleses para que apoyaran su derecho al trono en lugar de su hermano Roberto, que estaba de regreso de las Cruzadas. Afirmó que a pesar de que era el más joven de los dos hermanos, era el heredero legítimo bajo el derecho de primogenitura. Esto significaba que, desde su nacimiento, después de que Guillermo el Conquistador se hubiera convertido en rey, él era el heredero legítimo. Su hermano Roberto había nacido antes de que su padre conquistara Inglaterra. Cuando convenció a la aristocracia de apoyarlo, se apoderó del tesoro real.

Enrique fue coronado con prontitud el 5 de agosto de 1100. Tenía treinta y un años cuando comenzó su gobierno. Unos meses más tarde se casó con Matilda, la hija de Malcolm III de Escocia. El matrimonio era políticamente adecuado, pero los cronistas también mencionan que la pareja también tuvo una relación sentimental. Tal vez esta fue la razón por la que Enrique confió lo suficiente como para hacerla regente de Inglaterra mientras él estaba fuera. Demostró ser una reina eficiente, no solo en el título, sino en la acción. A menudo se dirigió a los consejos e incluso presidía varios de ellos mientras actuaba como regente. También fue una entusiasta defensora de las artes. A pesar de que Enrique tuvo dos hijos con la reina, a menudo se entregaba a los placeres de las amantes, y tenía muchas. Con sus amantes, tuvo aproximadamente nueve hijos y trece hijas, algunas de las cuales reconoció como propias y apoyó a través de sus vidas.

En julio de 1101, Roberto formó una flota y estaba listo para cruzar el canal de la Mancha para atacar a su hermano Enrique. El apoyo de la aristocracia al nuevo rey inglés fue parcial y poco fiable. Durante los meses siguientes, Enrique hizo que todos le juraran lealtad una vez más. El lugar de aterrizaje anticipado de las fuerzas de Roberto fue en Pevensey, y ahí fue donde Enrique movilizó a su ejército. Debido a que el ejército inglés no estaba acostumbrado a la caballería, Enrique se encargó de entrenarlos para saber oponerse a las cargas de caballería. Muchos de los barones todavía estaban meditando a quién apoyar en la próxima lucha y no acudieron a la asamblea militar. Anselmo, arzobispo de Canterbury, tuvo que recordarles la importancia religiosa de su lealtad al rey. Pero la flota de Roberto aterrizó en Portsmouth y sorprendió a Enrique. Solo tenía unos pocos cientos de hombres con él, pero pronto se unió a los ejércitos de barones ingleses que eligieron apoyarlo.

Los ejércitos de Inglaterra y Normandía se reunieron en Alton, Hampshire, y en lugar de luchar, iniciaron negociaciones de paz. Roberto y Enrique firmaron un acuerdo conocido como el Tratado de Alton, en el que Roberto reconoció a Enrique como el rey de Inglaterra. Enrique tuvo que renunciar a sus territorios en Normandía, excepto Domfront. También accedió a pagarle a Roberto un salario anual hasta el final de su vida. Aunque no hubo enfrentamiento del ejército, Enrique se enfadó por la deslealtad que sus barones habían mostrado. Para castigarlos, se apoderó de sus tierras, y algunos de ellos fueron exiliados a Normandía.

Durante los años siguientes, Normandía cayó en el caos y comenzó a desintegrarse. Enrique se inspiró para comenzar una confrontación con su hermano una vez más y, para provocarlo, envió a su amigo Roberto Fitzhamon a perturbar la política. Fitzhamon fue capturado y encarcelado, lo que le dio a Enrique una excusa para invadir Normandía. Logró persuadir al rey Felipe de Francia para mantenerse neutral mientras reunía el apoyo de los condes vecinos de Normandía. Enrique procedió ocupando el oeste de Normandía y avanzando hacia Bayeux. Roberto accedió a las negociaciones, pero eran infructuosas. La pelea continuó hasta Navidad, cuando Enrique decidió regresar a Inglaterra. En 1106, regresó y lanzó otra invasión a Normandía. Otro intento de negociaciones fracasó, y tuvo lugar la batalla de Tinchebray. Solo había transcurrido una hora cuando el duque Roberto fue hecho prisionero. Pero Enrique no tenía poder legal para deponer a su hermano como Duque de Normandía. En cambio, excusó sus acciones afirmando que solo había ido a ayudar a Normandía y había actuado como rey de Inglaterra. Se proclamó guardián de Normandía y nunca usó el título de duque.

En noviembre de 1120, el único hijo y heredero de Enrique murió cuando su barco se hundió a las afueras del puerto normando. No quería que uno de sus sobrinos heredara el trono de Inglaterra. En cambio, anunció que se casaría de nuevo, con Adeliza de Louvain, con la esperanza de que ella le diera otro hijo. Se casaron en el castillo de Windsor en 1121, pero nunca tuvieron hijos. Su hija de una esposa anterior estaba casada con el emperador del Sacro Imperio romano germánico, Enrique, que murió en 1125. Matilda fue llamada a Inglaterra, donde su padre la nombró su heredera. Sin embargo, Matilda se enfrentó a una fuerte oposición, ya que era muy inusual que una mujer heredara el trono de su padre. Enrique se puso feliz cuando Matilda dio a luz a dos hijos, dos posibles herederos al trono de Inglaterra.

Enrique I de Inglaterra murió mientras cazaba en Normandía en diciembre de 1135. Las crónicas mencionan que cayó enfermo debido a una ingesta excesiva de lampreas, a pesar del consejo de su médico. Las entrañas de Enrique fueron enterradas en la propiedad de Notre-Dame-du-Pré, mientras que su cuerpo fue llevado a Inglaterra y sepultado en la abadía de Reading.

### Anarquía en Inglaterra

Una crisis de sucesión siguió a la muerte de Enrique I. Su sobrino, Esteban de Blois, se apresuró a tomar el poder en Inglaterra antes de que la emperatriz Matilda pudiera dejar Normandía. Esteban era hijo de Adela de Normandía, hija de Guillermo el Conquistador, y su padre era un conde en el norte de Francia. Esteban era el cuarto hijo de esta pareja, y como tal, no tenía tierras o títulos. Por lo tanto, se unió a la corte de Enrique I y sirvió al rey en sus campañas. A cambio de su servicio, el rey concedió a Esteban algunas tierras, y se casó con Matilda de Boulogne, heredera del conde de Boulogne. Esteban tenía un hermano menor, que se convirtió en el obispo de Winchester y apoyó la reclamación de su hermano al trono.

El pueblo de Londres reclamó el derecho de elegir al rey de Inglaterra, y eligieron a Esteban. Con el apoyo de la iglesia, Esteban pudo incluso justificar su ruptura del juramento al rey muerto, que apoyaría a la emperatriz Matilda. Su hermano, Enrique, argumentó que el juramento era necesario en ese tiempo para asegurar la estabilidad del reino. Como el reino ya no tenía estabilidad, el juramento no era válido. Enrique incluso llegó a afirmar que el difunto rey cambió de opinión en su lecho de muerte y proclamó a Esteban su sucesor. Hugh Bigod, conde de Norfolk, apoyó esta afirmación, que era un engaño obvio. Esteban fue coronado el 26 de diciembre de 1135, y fue confirmado por el papa Inocencio I al año siguiente.

En Normandía, la nobleza se reunió y discutió si apoyar a Teobaldo, nieto de Guillermo el Conquistador, como el verdadero heredero del Reino Inglés, así como el Ducado de Normandía. Argumentaron que Teobaldo era más adecuado al trono que Matilda porque era una mujer. Pero al día siguiente, la noticia de la coronación de Esteban llegó a Normandía, y todos los barones retiraron su apoyo de Teobaldo, ya que no querían dividir a Inglaterra de Normandía oponiéndose al nuevo rey. Los barones de Normandía todavía tenían propiedades en ambos países, y necesitaban paz para prosperar.

Tras su coronación, Esteban tuvo que lidiar con aquellos que se opondrían a él de inmediato. En el norte de Inglaterra, el tío de Matilda, David I de Escocia, invadió y tomó algunos bastiones clave. Después de una breve pelea, se hizo un acuerdo en el que David devolvería todas las tierras conquistadas excepto Carlisle. A cambio, Esteban confirmó las posesiones en Inglaterra que el hijo de David había reclamado. Aun así, al principio de su reinado, Esteban tuvo que dejar numerosos levantamientos, los más importantes en el suroeste de Inglaterra. Debido a los disturbios en su reino, Esteban nunca tuvo la oportunidad de ir a Normandía y reclamar el ducado, aunque envió un representante a su nombre. En 1136, Normandía fue atacado por Godofredo, conde de Anjou, quien asaltó y quemó las tierras en lugar de reclamarlas. Esteban finalmente viajó a Normandía en 1137, donde se reunió con el rey Luis VI. Formaron una alianza para luchar contra el creciente poder de los angevinos, o casa de Anjou. Esta fue también una oportunidad para que Esteban pidiera al rey de Francia que reconociera a su hijo como duque de Normandía, lo que hizo con mucho gusto.

En 1138, estalló el primer combate entre las fuerzas de Esteban y Matilda. Roberto de Gloucester, el hijo ilegítimo de Enrique I, que siguió siendo partidario de Matilda, comenzó un levantamiento contra el rey. Curiosamente, logró iniciar una rebelión desde lejos, mientras permanecía en Normandía. Este levantamiento llevaría a todo el reino a una guerra civil. Al mismo tiempo, David de Escocia invadió el norte de Inglaterra una vez más, declarando su apoyo a su sobrina Matilda. En Normandía, Godofredo de Anjou invadió de nuevo. Esteban se apresuró a responder a estos levantamientos, pero decidió concentrarse en Inglaterra y retomar los territorios que los rebeldes de Roberto habían reclamado. Para evitar separar su ejército, decidió negociar con David y concederle a él y a su hijo tanto Northumbria como Cumbria a cambio de la paz a lo largo de la frontera escocesa.

En 1139, Godofredo y Matilda aseguraron su poder sobre Normandía y comenzaron los preparativos para una invasión de Inglaterra. Finalmente, en agosto, el ejército cruzó el Canal de la Mancha y aterrizó en Arundel en Sussex Occidental por invitación de la reina viuda Adeliza. Matilda se quedó en el castillo de Arundel, mientras que su medio hermano, Roberto, marchó hacia el noroeste para reunir a los rebeldes y partidarios y formar un ejército. Pero Esteban respondió inmediatamente y sitió el castillo en el que se alojaba Matilda. El hermano del rey, el obispo Enrique, persuadió a ambas partes para que aceptaran una tregua. Los detalles de esta tregua son desconocidos, pero la emperatriz Matilda fue liberada del asedio y, junto con su familia, se le permitió ir al noroeste y reunirse con Roberto. No se sabe por qué Esteban decidió simplemente liberar a su oponente, pero los historiadores argumentan que vio el verdadero peligro en Roberto, no en Matilda.

Sin embargo, Matilda había ganado un bloque de territorios desde Gloucester y Bristol hasta Devon y Cornualles. Londres recibió la amenaza de ser el siguiente objetivo en los planes de conquista de Matilda y Roberto, y Esteban tuvo que reaccionar. Trató de tomar el control de algunos castillos clave y bloquear la aproximación al río

Támesis, pero fue atacado constantemente por los partidarios de Matilda. Al final, tuvo que renunciar a su campaña y regresar a su capital para estabilizar la situación. Los combates continuaron durante años hasta que, finalmente, se hizo un intento de paz. El clero instó a Esteban a aceptar cualquier condición, pero seguía siendo testarudo, alegando que la paz era inaceptable y no se firmó ningún tratado.

A principios de 1141, Esteban sitió el Castillo de Lincoln, y Roberto de Gloucester llegó a la posición del rey con una gran fuerza. La batalla de Lincoln se produjo el 2 de febrero del mismo año. Esteban desmontó su caballería para formar un muro de infantería e incluso luchó a pie, codo con codo con sus soldados. El rey tuvo el éxito inicial en la batalla, pero Roberto se impuso. Usó la caballería para rodear el centro del ejército de Esteban, y el rey quedó atrapado. En este punto de la batalla, muchos barones que apoyaban al rey huyeron, pero Esteban continuó luchando. La batalla terminó cuando, después de una larga pelea, Esteban fue hecho prisionero. La emperatriz Matilda comenzó a prepararse para su coronación como reina de Inglaterra. Obtuvo el apoyo del hermano de Esteban, el obispo Enrique, a quien prometió el control total de los asuntos de la Iglesia. Enrique le dio a Matilda el tesoro real e incluso excomulgó a los partidarios de Esteban que se negaron a cambiar de bando.

Matilda iba a ser coronada en Londres en junio, pero cuando se acercó a la ciudad, la gente se levantó contra ella. Se vio obligada a huir a Oxford, junto con sus partidarios. Los partidarios de Esteban se reunieron alrededor de su esposa, la reina Matilda, y juntos entraron en Londres después de que la ciudad expulsara a la emperatriz. El obispo Enrique cambió de bando una vez más y ofreció su apoyo a la esposa de Esteban. La reina tuvo mucho éxito en la reunión de leales, e incluso logró negociar la liberación de su marido. Juntos, Esteban y su reina asediaban el castillo de Oxford, donde se alojaba la emperatriz Matilda. Justo antes de la Navidad de 1142, la emperatriz Matilda logró escapar del castillo y cruzar el río helado a pie, escapando a la seguridad de Wallingford. Su resistencia en Oxford se rindió a Esteban al día siguiente.

La guerra civil de Inglaterra permaneció en punto muerto desde 1143 hasta 1146. La lucha se mantuvo, y en la batalla de Wilton, Esteban casi es capturado de nuevo. Perdió una vez más ante la superioridad de la caballería de Roberto. Mientras tanto, en Normandía, Godofredo de Anjou aseguró su poder e incluso fue reconocido como duque por el rey francés Luis VII.

Roberto de Gloucester murió pacíficamente en 1147, y Matilda regresó a Normandía. La guerra civil había terminado oficialmente, pero todavía se producía campañas más pequeñas. Sin Roberto ni Matilda, sus partidarios en Inglaterra sintieron poca necesidad de luchar. La mayoría de las batallas fueron pequeñas revueltas locales fácilmente sofocadas. Los barones que apoyaron a Matilda se quedaron solos y comenzaron negociaciones individuales con Esteban, con muchos con éxito concluidos. Matilda se quedó en Normandía y se centró en promover a su hijo como heredero al trono de Inglaterra mientras, en Inglaterra, Esteban estaba resolviendo el tema de su familia y su sucesión. Esteban prefería la tradición francesa de coronar al hijo antes de que el rey muriera, pero el clero se opuso firmemente. Incluso el papa prohibió cualquier cambio en la tradición de sucesión inglesa, y el arzobispo Teobaldo se negó a coronar al hijo mayor de Esteban, Eustace, sin el acuerdo del papa. Por su negativa, el arzobispo fue encarcelado y luego exiliado en Flandes.

El hijo de Matilda, Enrique, regresó a Inglaterra en 1153 y sitió el castillo de Esteban en Malmesbury con el pequeño ejército. Enrique aseguró el control del suroeste de Inglaterra, las Tierras Medias y algunos territorios en el norte. En julio del mismo año, Esteban reunió una gran fuerza y se enfrentó a Enrique en el castillo de Wallingford. Sin embargo, la batalla fue pospuesta cuando el clero intervino y medió por la paz. Esteban y Enrique accedieron a hablar en privado sobre un posible fin de la guerra, pero el hijo del rey,

Eustace, estaba furioso con el resultado. Abandonó a su padre y comenzó a preparar un ejército para su propia campaña. Sin embargo, después de solo un mes, enfermó y murió. Su muerte fue conveniente para los que buscaban la paz, ya que su reclamación al trono fue eliminada. Esteban ahora reconoció a Enrique como su heredero, adoptándolo como su hijo. Su hijo menor, Guillermo, tuvo que renunciar a su reclamo en el trono y rendir homenaje a Enrique.

Esteban enfermó y murió el 25 de octubre de 1154. Enrique estaba en Normandía en ese momento y no sentía la necesidad de apresurarse de regreso a Inglaterra. Pospuso sus viajes hasta diciembre. A su llegada, fue rápidamente coronado como rey de Inglaterra, junto con su esposa, Leonor. Los barones juraron lealtad al nuevo rey durante la reunión de la corte real en abril de 1155. Enrique II fue el heredero legítimo de Esteban, y al tomar la corona, comenzó a reconstruir el reino devastado por la guerra. Inglaterra había sido devastada por la guerra civil, y las incursiones ocasionales en el norte todavía sucedieron. La economía del reino se estaba desmoronando, ya que todos los pretendientes al trono habían emitido sus propias monedas durante la guerra. El tesoro real estaba casi vacío cuando Enrique II lo heredó. Los ingresos del rey habían disminuido durante la guerra, y el dinero se había gastado principalmente en el suministro del ejército, dejando poco para que Enrique II lo usara en su reconstrucción del reino.

# Capítulo 8 – Enrique II

Enrique era el hijo mayor de la emperatriz Matilda y su segundo marido, Godofredo Plantagenet, conde de Anjou. Nació en 1133 y era nieto del rey inglés Enrique I y el hijo adoptivo y heredero de Esteban, el rey de Inglaterra que se apoderó del trono a la muerte de Enrique I. Enrique II fue coronado el 19 de diciembre de 1154, pocos meses después de la muerte de Esteban.

Durante el reinado del rey Esteban, Inglaterra fue desgarrada por la guerra civil. Los líderes de Gales y Escocia aprovecharon este malestar para invadir y conquistar tierras en Inglaterra. La primera tarea que emprendió Enrique II fue recuperar estas tierras. En 1157, Malcolm IV de Escocia, presionado por el nuevo rey inglés, tuvo que devolver las tierras que había conquistado en el norte. Enrique se apresuró a reforzar la frontera con Escocia mediante la construcción de nuevas fortificaciones. Fue una tarea más difícil restaurar la supremacía anglonormanda en Gales, donde Enrique II tuvo que luchar en dos batallas, en 1157 y 1158. Finalmente, los príncipes galeses renunciaron a sus tierras conquistadas en Inglaterra y reconocieron la supremacía de Enrique.

En 1158, Enrique II regresó a Normandía, donde había pasado gran parte de su infancia y juventud. Su tarea era asegurar sus tierras en Normandía y hacer frente a cualquier posible levantamiento.

Mientras estaba allí, accedió a prometer en matrimonio a su hijo mayor sobreviviente, Enrique el Rey Joven (o Joven Enrique), con Margarita, la hija del rey francés Luis VII. El poder de Enrique II creció en Francia, y aprovechó la oportunidad para establecer su dominio en el Ducado de Bretaña. Planeaba tomar Toulouse, pero no tenía poder para atacar directamente al rey Luis VII, que también mostró interés en esta región. En cambio, se logró un tratado de paz, y fue supervisado por el papa Alejandro III en 1162. Enrique estaba satisfecho con confirmar el compromiso de su hijo con una princesa francesa, lo que le dio acceso al territorio de Vexin en Francia.

Tras el desarrollo de los acontecimientos en Francia, Enrique II gobernó las tierras que los historiadores hoy llaman el Imperio angevino, que incluye los territorios franceses de Normandía, Bretaña, y algunas posesiones terrestres más pequeñas, así como toda Inglaterra y partes de Gales, Escocia e Irlanda. Enrique gobernó muchos de estos territorios, y lo que le faltaba a su imperio era poder centralizado. Enrique confiaba en las conexiones familiares y la lealtad de sus barones. Cada territorio estaba gobernado por sus aduanas locales, pero Enrique los visitaba a menudo. Lo siguiente fue hacer reformas gubernamentales o cambios administrativos locales. Cada territorio estaba gobernado por un senescal local o un justiciar, que a menudo era uno de los miembros de la familia de Enrique. Bajo ellos había funcionarios locales que se ocupaban de las tareas diarias del gobierno. Todos estos oficiales estaban conectados con Enrique por una red de mensajeros, y todos tenían permiso para solicitar al rey directamente.

Cuando se trataba de tomar decisiones importantes, Enrique II empleaba a su corte real para actuar como un gran consejo. La tarea del gran consejo era asesorar al rey, pero no está claro cuánta libertad tenía el consejo para actuar más allá de un simple asesoramiento. Al comienzo de su reinado, Enrique decidió mantener a todos los administradores del reinado del rey Esteban y algunos de los del reinado de su abuelo Enrique I. Pronto, los reemplazaría a todos, colocando a gente nueva en las posiciones de poder. Por lo general, estos serían miembros ilegítimos de su familia o amigos cercanos y leales. En Normandía, confió en los obispos y otros clérigos para llevar a cabo las tareas oficiales del ducado. Enrique era un gobernante despiadado, y se apresuró a castigar a las personas que lo desobedecieron, especialmente al clero y a los barones. Sin embargo, también concedió su patrocinio a las tierras que le agradaban, y estos territorios prosperarían enormemente.

La ley cambió significativamente durante el reinado de Enrique II. Reformó el sistema jurídico del reino de Inglaterra, por el cual la justicia real se expandió en gran medida. Para Enrique, el reparto de justicia era uno de los roles principales del rey, y se decía que disfrutaba de la ley. Al final de su reinado, Ranulf de Glanvill escribió un tratado sobre Derecho Inglés, recordado simplemente como el tratado de Glanvill. Después de la guerra civil, Enrique resolvió muchas de las disputas de tierras él mismo. Se basó en las leyes y la tradición existentes, pero muchos de estos casos exigieron su participación personal porque eran mal juzgados.

Cuando se trataba de la economía del reino de Inglaterra, Enrique II se impuso fuertemente a la población durante los primeros once años de su gobierno. Los impuestos eran necesarios para llenar el tesoro real, que fue vaciado durante la guerra civil. Para contratar mercenarios y financiar la construcción de nuevos castillos y fortificaciones, Enrique pidió dinero prestado, en su mayoría de prestamistas en Rouen. Restauró el sistema de financiación de la realeza que su abuelo Enrique I había utilizado. Para estimular el comercio, emitió el nuevo centavo de plata de Aebridge como su moneda. En 1180, se emitió el penique de cruz corta. Enrique dio el control directo de las casas de la moneda a los funcionarios reales, que pasaron las ganancias directamente a la tesorería real. La emisión de nuevas monedas tuvo el efecto a largo plazo de estimular tanto el comercio como la inflación en Inglaterra.

## Tomás Becket

*Rey Enrique II y Thomas Becket*
https://upload.wikimedia.org/wikipedia/commons/4/45/BecketEnriqueII.jpg

Teobaldo de Bec, arzobispo de Canterbury, murió en 1161, y Enrique II puso a su canciller, Tomás Becket, en esa posición. Enrique esperaba que Becket restaurara la supremacía real sobre la Iglesia, ya que los dos estaban en muy buenas relaciones. Sin embargo, Tomás Becket cambió todo su estilo de vida cuando se convirtió en el nuevo arzobispo. Incluso renunció a su cancillería. Antiguamente una figura ostentosa, se convirtió en un hombre humilde que vivía como asceta. Becket no solo cambió su estilo de vida; también inmediatamente dejó de apoyar a Enrique cuando se trataba de sus derechos reales sobre la iglesia. En cambio, Becket llegó a defender la independencia de la Iglesia.

El principal punto de disputa entre Becket y el rey fue qué hacer con el clero que cometió crímenes seculares. Una quinta parte de la población masculina era considerada clero por la Iglesia, a pesar de que la mayoría solo había tomado "órdenes menores". Becket argumentó que todos los hombres que eran considerados clérigos, incluso si solo tomaban una orden menor, no deberían ser tratados por poderes seculares. Solo la iglesia podía juzgarlos por crímenes, ya sean seculares o eclesiásticos. Enrique creía que esta práctica le privaría de la capacidad de gobernar su reino de manera efectiva, y se opuso firmemente a la idea de Becket. El rey conservó el apoyo del anterior arzobispo de Canterbury en este asunto. Teobaldo de Bec incluso declaró al papado en 1154 que la costumbre inglesa era que los tribunales seculares juzgaran a los clérigos.

Había muchos otros puntos de disputa entre Becket y el rey, y los dos seguían chocando cada vez que surgía la oportunidad. Becket tomó medidas para recuperar las tierras que una vez pertenecieron a la Iglesia. No tenía en cuenta los derechos de los terratenientes actuales, lo que causaba muchas peticiones al rey y se sumaba a la tensión ya existente entre los dos. Otro ejemplo es cuando Becket excomulgó a un terrateniente real que reclamó el derecho de nombrar a los clérigos en las iglesias de sus tierras. El rey emitió una declaración de que ningún terrateniente podía ser excomulgado sin la aprobación real. Becket luchó contra esta declaración, pero, al final, se vio obligado a someterse a ella.

En 1163, Enrique II permitió a Becket expresar sus preocupaciones sobre el gobierno de la Iglesia inglesa. Convocó a los representantes de la iglesia, que estaban al lado de Becket y no estaban de acuerdo con el rey. El rey les pidió que observaran las costumbres tradicionales inglesas, pero el clero dijo que no lo harían, ya que las costumbres entraban en conflicto con el derecho canónico. Enojado, Enrique tomó a su hijo, Enrique el Rey Joven, de la custodia de Becket. También confiscó todos los honores reales que Becket había tenido una vez, despojándolo del favor real. Tanto el rey Enrique II como Becket pasaron el año siguiente asegurando aliados. El rey logró aliarse con algunos obispos para que se pusieran de su lado, mientras que Becket preparó alianzas con las tierras del continente, donde podía buscar refugio si surgía la necesidad. El papa Alejandro III se negó a entrometerse en la disputa entre el rey y la

Iglesia, dejando que resolvieran sus diferencias solos. Para lograr un compromiso, Enrique quería emplear al clero para escribir las costumbres de la ley inglesa, que se presentarían al consejo de la Iglesia. Becket aceptó e incluso acató las costumbres. Siguiendo su ejemplo, los obispos juraron seguir las costumbres, que se conocieron como Constituciones de Clarendon. Esta constitución prohibió al clero viajar sin permiso real, que es lo que Tomás Becket intentó hacer en 1164. Se estaba preparando para un viaje a Francia cuando fue arrestado. Cargos adicionales fueron presentados por un noble cuyas tierras Becket había confiscado antes. Bajo la presión de otros obispos, Becket aceptó la sentencia por todas las disputas de tierras en las que estuvo involucrado. Incluso se presentaron más cargos contra Becket: fue acusado de mala gestión financiera durante el tiempo que fue canciller, así como de no seguir las Constituciones. Fue declarado culpable de ambos cargos. Tomás Becket rechazó estas sentencias y decidió exiliarse.

Becket llegó a Sens en Francia, donde cada bando tuvo la oportunidad de presentar su caso al papa Alejandro III. A Becket no se le ordenó regresar a Inglaterra, pero a Enrique II no se le ordenó retractarse. El papa todavía estaba tratando de ser neutral con respecto a su disputa. Becket eligió Pontigny en Francia como su lugar de exilio, y Enrique ordenó el exilio para toda la familia y la casa de Becket. Los obispos que siguieron a Becket perdieron sus propiedades en Inglaterra, ya que el rey las confiscó.

Mientras estaba en el exilio, Becket continuó persiguiendo una resolución para su disputa con el rey, pero el rey no tuvo prisa por alcanzar la paz con Becket. En 1166, Becket amenazó con el castigo divino para el rey si no mostraba entusiasmo por resolver el problema. Incluso llegó a excomulgar a algunos de los consejeros y siervos clericales de Enrique, incluso a los obispos que habían concedido su apoyo al rey. Enrique se vio obligado a escribir cartas al papa Alejandro III, pidiéndole que absolviera las excomuniones. El papa envió legados papales, que fueron encargados de escuchar a ambas partes y llegar a un acuerdo pacífico. Los legados tardaron cuatro años en negociar una resolución. Al final, el papa concedió su favor al rey Enrique II, ya que necesitaba el apoyo inglés en la disputa que tuvo con el emperador alemán. En 1167, los legados papales se reunieron con Becket, quien se negó a aceptar su juicio. Las negociaciones se detuvieron, y el rey, con sus obispos, se vio obligado a apelar al papa una vez más. En 1169 Becket continuó excomulgando obispos ingleses y funcionarios reales, a pesar de que el papa le pidiera que no hiciera actos hostiles que pusieran en peligro nuevas negociaciones. En agosto de ese año, comenzaron serias negociaciones entre Enrique y Becket, pero en vano.

El 14 de junio de 1170, Enrique fue coronado como el "Rey Joven" de Inglaterra mientras su padre aún estaba vivo. Rompiendo la tradición de que el arzobispo de Canterbury realizara la coronación, Enrique empleó al arzobispo de York. Después de la coronación, el papa Alejandro III concedió la aprobación a Becket para poner un interdicto en toda Inglaterra como castigo. El interdicto significaba que a toda Inglaterra se le prohibía realizar los ritos y servicios de la Iglesia. Para evitar ese castigo, Enrique II accedió a reanudar las negociaciones con Becket. Al arzobispo se le permitió regresar a Inglaterra. Sin embargo, antes de aterrizar en suelo inglés, Becket excomulgó al arzobispo Roger de York y a los obispos Josceline de Salisbury y Foliot de Londres. Las nuevas excomuniones enojaron a Enrique, quien le preguntó si alguien lo libraría del sacerdote, de Becket. Cuatro caballeros de la corte de Enrique en Normandía organizaron su viaje a Canterbury, Inglaterra, donde asesinaron a Becket.

Enrique negoció la disputa sobre las preguntas de la Iglesia directamente con el papa Alejandro III, quien le pidió al rey que se uniera a la cruzada. Enrique también accedió a deshacerse de todas las costumbres de la ley inglesa que no se adaptaran a la Iglesia. El rey tuvo que realizar la penitencia públicamente el 12 de julio de 1174. Confesó sus pecados en Canterbury, y luego todos los obispos presentes tuvieron que golpearlo con una vara cinco veces. Cada uno de los ochenta monjes de Canterbury tuvo que darle al rey tres golpes con la vara.

## La gran revuelta y los problemas de sucesión

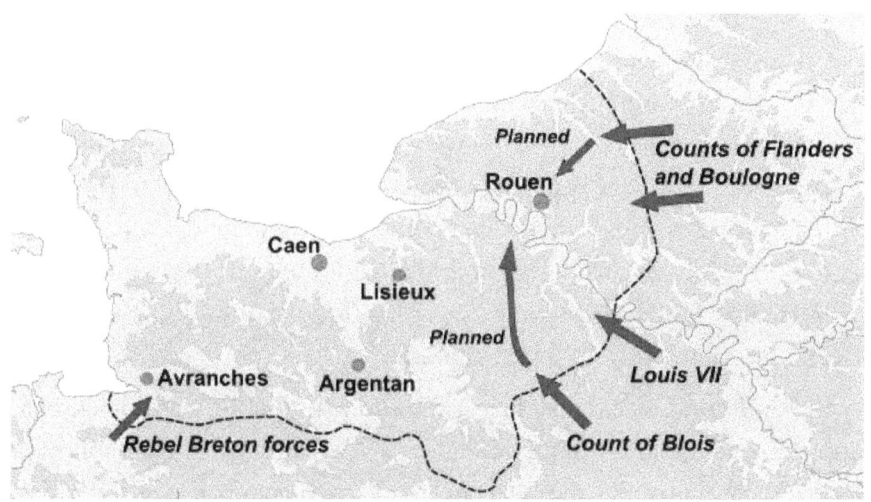

*Eventos en Normandía 1173*

*https://en.wikipedia.org/wiki/Enrique_II_of_England#/media/File:Great_Revolt_Normandy_1173.png*

En 1173, Enrique II de Inglaterra tuvo cuatro hijos legítimos sobrevivientes: Enrique el Rey Joven, Ricardo, que llegaría a ser conocido como "El Corazón de León", Godofredo, y Juan "Sin Tierra". A pesar de que el joven Enrique ya era coronado joven rey de Inglaterra, no tenía recursos propios. Tenía muchos caballeros protegiéndolo, pero no hay medios para recompensarlos por su servicio. Debido a esto, estaba ansioso por gobernar por su cuenta como un rey legítimo de Inglaterra. Cuando su padre decidió tomar tres castillos que estaban destinados al joven Enrique y dárselos a su hermano menor, Juan, en los preparativos para su matrimonio, el joven Enrique se rebeló. Fue alentado por varios nobles y funcionarios reales, que vieron la oportunidad de ganar personalmente en un cambio de poder de padre a hijo. Su madre, la reina Leonor, que disputó la decisión de su marido, se unió a la causa y apoyó abiertamente al joven Enrique. En marzo de 1173, Enrique el Rey Joven y sus hermanos Ricardo y Godofredo se unieron a la corte del rey francés Luis VII. En Francia, los hermanos crearon una alianza con varios cargos, tierras prometedoras en Inglaterra. El plan era apoderarse del reino rompiéndolo.

Los primeros combates comenzaron en abril de 1173, cuando los ejércitos de los condes de Flandes y Boulogne invadieron Normandía desde el este. Luis VII y su yerno, el joven rey Enrique, atacaron desde el sur, mientras que los bretones fueron acusados de tomar el oeste. Aunque estaban bien planeados, cada uno de los ataques fue repelido por el ejército de Normandía. El Conde de Boulogne murió en la batalla. Las negociaciones entre Enrique II y su hijo Enrique el Joven siguieron, pero no lograron nada.

El conde de Leicester se hizo cargo de los rebeldes en Normandía. Contrató mercenarios flamencos y cruzó el canal de la Mancha para unirse a los barones que se rebelaron en Inglaterra. Sin embargo, nunca conoció a sus aliados. En cambio, su ejército fue atacado por las fuerzas inglesas que se acercaban hacia el sur desde Escocia. El conde de Leicester fue derrotado, y sus fuerzas fueron destruidas.

Los combates continuaron en 1174 cuando el conde de Huntington se convirtió en el líder de la rebelión y trató de conquistar el norte de Inglaterra. Enrique II estaba luchando contra sus enemigos en Normandía, pero tuvo que volver a Inglaterra cuando Nottingham y Norwich fueron incendiados. Después de completar la penitencia pública por la muerte de Tomás Becket, Enrique II se encargó de sofocar la rebelión. Reunió un gran ejército y marchó a cada fortaleza en poder de los rebeldes para obtener sus rendiciones. La revuelta duró dieciocho meses, y los registros dicen que una veintena de castillos en toda Inglaterra fueron demolidos. La culpa no fue a parar en el joven Enrique, sino en los barones que aconsejaron al joven rey inexperto en su propio beneficio. Enrique II regresó a Normandía, donde negoció con sus hijos, y los tres lo reconocieron como su señor y regresaron a su servicio.

Después de la Gran Revuelta, Enrique reconoció a su hijo Ricardo como duque de Aquitania en 1179. Su otro hijo, Godofredo, se casó con Constanza de Bretaña y se convirtió en el duque de Bretaña en 1181. A lo largo de la Gran Revuelta Juan siguió a su padre y fue considerado el hijo favorito de Enrique. El rey otorgó más y más tierras a Juan, y en 1177, lo convirtió en el Señor de Irlanda. El joven rey Enrique pasó este tiempo viajando por Europa y disfrutando de torneos y otras competiciones, sin jugar ningún papel en el gobierno de Inglaterra. Estaba muy insatisfecho con su falta de poder. En 1182, el joven Enrique pidió que se le concedieran tierras, lo que le ayudaría a mantenerse a sí mismo y a su familia, pero el rey Enrique II se negó. En su lugar, prometió aumentar la asignación de su hijo. Esto no fue suficiente para el joven Enrique, quien ahora exigió a su hermano Ricardo rendirle homenaje. Ricardo se negó, ya que no vio cómo Enrique tenía ninguna reclamación sobre Aquitania, pero fue obligado por su padre a cumplir. Enojado, el joven Enrique se negó a aceptar el homenaje de su hermano. En cambio, formó una alianza con los barones de Aquitania que no estaban satisfechos con el gobierno de Ricardo. Godofredo se unió al joven Enrique en la causa y pagó a un ejército mercenario de Bretaña. En 1183, estalló una guerra abierta, y el rey Enrique II y Ricardo tuvieron que defender Aquitania. Sin embargo, antes de que se hicieran movimientos significativos, el joven rey Enrique enfermó repentinamente y murió, poniendo fin al conflicto.

El rey Enrique II tuvo que hacer nuevos arreglos para la sucesión, y nombró a su hijo Ricardo como heredero. Sin embargo, no se apresuró a nombrarlo rey joven, como con el joven Enrique. Ricardo no tuvo poder hasta la muerte de su padre. Juan, el hijo favorito de Enrique, se convirtió en el duque de Aquitania, mientras que Godofredo permaneció en control de Bretaña desde que lo había ganado por matrimonio. Hasta el final de sus días, Enrique II estaba en constante conflicto con su hijo Ricardo. Incluso consideró renunciar a Ricardo como su heredero y dar el título a su hijo menor Juan. Sin embargo, Ricardo se comunicaba con el rey francés Felipe

Augusto, quien no sentía aprecio por Enrique y apoyó con la reclamación de Ricardo al trono. Juntos planearon atacar a Enrique en Normandía, pero el rey inglés cayó enfermo con una úlcera sangrante, que resultaría fatal. El rey, moribundo, deseaba morir en paz en Anjou en lugar de tener que lidiar con la guerra en Normandía. Se reunió con Felipe y Ricardo en Ballan y ofreció su completa rendición. Reconoció a Ricardo como su heredero y rindió homenaje a Felipe. Al enterarse de que Ricardo había tenido el apoyo de su hermano Juan todo el tiempo, Enrique cedió a la fiebre y murió el 6 de julio de 1189.

Enrique II de Inglaterra fue un rey odiado, y hubo poco dolor por su muerte. Acosaba a sus funcionarios de la corte y a menudo tenía cambios bruscos de temperamento. Por ello fue criticado por su oposición, e incluso por algunos funcionarios dentro de su propia corte. Cuando su sucesor Ricardo se fue para unirse a la Tercera Cruzada, el Imperio angevino se desmoronó bajo el gobierno de su hijo favorito, Juan.

# Capítulo 9 – Ricardo y Juan

*Coronación de Ricardo en la Abadía de Westminster*
*https://en.wikipedia.org/wiki/Richard_I_of_England#/media/
File:Richard_L%C3%B6wenhez,_Salbung_zum_K%C3%B6nig.jpg*

A la muerte de Enrique II, su hijo Ricardo fue nombrado duque de Normandía el 20 de julio de 1189, y luego coronado rey de Inglaterra el 3 de septiembre del mismo año. La coronación tuvo lugar en la abadía de Westminster. La tradición no permitía que los judíos asistieran a la ceremonia, pero algunos líderes judíos trataron de presentar regalos al nuevo rey. Fueron expulsados, pero no antes de ser golpeados. Se rumoreó que Ricardo ordenó que todos los judíos fueran asesinados, y la gente de Londres comenzó a atacar casas judías. Muchos judíos fueron asesinados, sus casas fueron quemadas, y algunos fueron convertidos forzosamente al cristianismo. Al enterarse de los disturbios, Ricardo castigó a todos los que fueron sorprendidos actuando contra los judíos. A los individuos convertidos se les permitió regresar al judaísmo. Ricardo planeaba unirse a la cruzada, pero temía que el reino se desestabilizara si se iba. Para evitar disturbios futuros, ordenó la ejecución de algunos de los responsables de los asesinatos, así como de los pirómanos. Sin embargo, el número de personas castigadas fue pequeño. No podía castigar a toda la población de Londres, y algunos de los perpetradores eran de alto estatus social. Emitió un edicto exigiendo que los judíos fueran dejados en paz. Sin embargo, el edicto no se ejecutó adecuadamente. En marzo, se desató la violencia y se produjo una masacre en York.

Ricardo partió de Inglaterra en 1190, en su camino a Tierra Santa para luchar contra Saladino. Para financiar este esfuerzo, reunió dinero subiendo impuestos, implementando un diezmo saladino (un impuesto para ayudar a liberar Jerusalén), vendió sus bienes personales y prestó dinero. Se dice que declaró que vendería Londres si podía encontrar un comprador. Ricardo incluso obligó a aquellos que ocupaban cargos oficiales a pagar por ellos. Si se negaban, él ofrecería esos puestos a los mejores postores. Antes de partir, Ricardo nombró dos regentes sobre Inglaterra: Hugh de Puiset, obispo de Durham, y Guillermo de Mandeville, conde de Essex. Guillermo de Mandeville pronto murió y fue sucedido por Guillermo Longchamp. El hermano de Ricardo, Juan, estaba insatisfecho con la decisión de su hermano y comenzó a planear cómo hacerse con el control del trono.

En su camino a Tierra Santa, Ricardo conoció y se comprometió en matrimonio con Berenguela de Navarra, hija del rey Sancho VI de Navarra, la tierra que bordeaba la Aquitania de Ricardo. El matrimonio con Berenguela aseguró las fronteras de su ducado, pero enfureció a Felipe, rey de Francia, quien consideraba a Ricardo prometido a su propia hermana, Alys. Ricardo se llevó a su esposa con él en una cruzada, pero regresaron de la guerra santa por separado. Después de la separación, Berenguela, reina de Inglaterra, nunca volvió a ver a Ricardo, y su matrimonio permaneció sin hijos. Vio el reino por primera vez después de la muerte de su marido.

Durante la Tercera Cruzada, Ricardo luchó y ganó muchas batallas contra Saladino, pero nunca logró conquistar Jerusalén. En 1191, sufrió escorbuto, pero incluso enfermo, luchó en batalla. Fue un guerrero contundente experto en el arte de la guerra, y por su valor, se ganó el título de Corazón de León. Incluso Bahaad-Din, el biógrafo de Saladino, menciona las habilidades marciales de Ricardo. En septiembre de 1192, Ricardo y Saladino alcanzaron la tregua que aseguraría una paz de tres años y permitiría a Ricardo regresar a casa para tratar asuntos con su hermano Juan, que había estado conspirando con el rey Felipe de Francia para desalojarlo del trono de Inglaterra.

Mientras regresaba de la cruzada, Ricardo naufragó cerca de Aquileia en Italia. Se vio obligado a continuar sus viajes por tierra, a través de Europa Central. Cerca de Viena, fue capturado por Leopoldo de Austria, quien lo acusó del asesinato de su primo. Leopold también tenía un rencor personal contra Ricardo, quien había tirado su estandarte de las paredes de Acre durante la Tercera Cruzada. Ricardo fue encarcelado en el castillo de Dürnstein, en Austria. Los regentes de Inglaterra no tuvieron noticias sobre Ricardo durante bastante tiempo. Era ilegal encarcelar a un cruzado, y el papa Celestino III excomulgó a Leopoldo por su comportamiento. En 1193, Ricardo fue entregado al Sacro Imperio romano germánico, que también lo encarceló. El emperador del Sacro Imperio romano germánico Enrique VI estaba enfadado con Ricardo porque había dado su apoyo a Enrique el León, un duque alemán que estaba en disputa con el emperador. Exigió un rescate por Ricardo, ya que necesitaba el dinero para levantar un ejército. Por la detención injusta de Ricardo, Enrique VI también fue excomulgado por el papa Celestino III. La madre de Ricardo, Eleanor, trabajó para recoger el rescate, que fue de 150.000 marcos (100.000 libras de plata). La plata y el oro fueron confiscados a las iglesias, y todos los clérigos tuvieron que pagar impuestos en el apogeo de una cuarta parte del valor de todo lo que poseían. Mientras Eleanor reunía dinero para pagar el rescate por Ricardo, su hermano Juan y Felipe de Francia ofrecieron 80.000 marcos al emperador Enrique VI para mantener prisionero a Ricardo. Enrique VI rechazó la oferta. Finalmente, el 4 de febrero de 1194, el dinero del rescate llegó a Alemania, y Ricardo fue liberado.

Para anular la vergüenza de su encarcelamiento, a su regreso Ricardo fue coronado por segunda vez como rey de Inglaterra. Perdonó la trama de su hermano con el rey francés e incluso declaró a Juan como su heredero. Mientras Ricardo estaba encarcelado, Felipe había conquistado Normandía, y Ricardo se propuso recuperarlo. Decidido no solo a recuperar Normandía, sino también a impedir que Felipe se apoderara de otras tierras angevinas en Francia, Ricardo invirtió todos sus recursos y experiencia militar en una guerra contra Francia. Formando una alianza con su suegro Sancho VI de Navarra y Balduino IX de Flandes, Ricardo ganó varias victorias sobre Felipe. Felipe huyó, y Ricardo capturó todos sus activos financieros.

Una noche de marzo, Ricardo caminaba por el perímetro del castillo de Chalus Chabrol, que había sitiado. Estaba observando las murallas del castillo, desde las que se disparaban misiles ocasionales. Le divirtió ver a uno de los hombres de la muralla que usaba una sartén en lugar de un escudo para desviar misiles. En ese momento, le dispararon en el hombro con una ballesta. La herida rápidamente se gangrenó. Ricardo estaba muriendo. Pidió ver al hombre que le disparó, pero resultó que era un niño que luchaba para vengar la muerte de su familia por los soldados de Ricardo. En lugar de ejecutar al niño, Ricardo lo perdonó e incluso le dio dinero para disfrutar de su libertad recién ganada. Ricardo murió el 6 de abril de 1199, mientras estaba en manos de su madre. Su corazón fue enterrado en Rouen, Normandía, sus entrañas en Chalus, y el resto de su cuerpo junto a su padre en Anjou.

No está claro si el chico que le disparó a Ricardo disfrutó de su libertad después de la muerte del rey. Algunos cronistas afirman que fue capturado y desollado vivo por un capitán mercenario que estaba en el empleo de Ricardo.

Antes de unirse a la Tercera Cruzada, Ricardo se aseguró de que su hermano Juan estuviera lo suficientemente satisfecho con su posición en el reino como para no intentar usurpar el trono. Juan estaba casado con la rica Isabella, condesa de Gloucester, y disfrutaba de los privilegios de tierras como Cornwall, Derby, Devon, Dorset, Nottingham y Somerset. Sin embargo, Ricardo mantuvo los castillos clave en todos estos territorios para que Juan no pudiera levantarse y formar su propio ejército. Todas estas medidas preventivas no impidieron que Juan actuara tan pronto como su hermano se fue en una cruzada. Inmediatamente surgieron diferencias con el regente Guillermo Longchamp, y la hostilidad entre los dos se convirtió rápidamente en un conflicto armado. Juan tenía a Guillermo encerrado en la Torre de Londres, y la gente lo reconoció como el heredero de Ricardo, pero la llegada de Walter de Coutances, arzobispo de Rouen, socavó sus planes. Walter fue enviado por Ricardo para lidiar con la situación en Inglaterra, y trajo noticias del matrimonio de Ricardo con la princesa de Navarra, lo que dio una nueva esperanza de un posible hijo de este matrimonio que sería el legítimo heredero al trono de Inglaterra.

Cuando Ricardo quedó encarcelado en Europa, Juan lo proclamó muerto o perdido, mientras que él mismo fue a París para hacer una alianza con el rey francés Felipe. Prometió deshacerse de su esposa

Isabella y casarse con la hermana de Felipe, Alys, a cambio del apoyo del rey. Otro conflicto armado estalló en Inglaterra entre los partidarios de Ricardo y el recién adquirido ejército de Juan. Ricardo finalmente regresó a Inglaterra en 1194 y proclamó a su hermano Juan inocente de traición, ya que solo era un niño actuando por malos consejos de concejales maliciosos, a pesar de que, en ese momento, Juan tenía veintisiete años. Oficialmente proclamado heredero de Ricardo, Juan continuó apoyando a su hermano hasta el final de su reinado.

La muerte de Ricardo en 1199 creó otra lucha de sucesión. A pesar de que Ricardo nombró a Juan como su heredero, otra posibilidad para la sucesión del trono fue su sobrino Arturo, hijo de Godofredo. Las leyes medievales no eran claras sobre cómo proceder con los dos pretendientes al trono. La ley normanda estaba a favor de Juan porque era el único hijo sobreviviente del rey Enrique II. Sin embargo, la ley angevina favorecía a Arturo, ya que era el hijo del hijo mayor de Enrique. Cuando Juan fue coronado en la Abadía de Westminster en 1199 estalló la guerra. Contaba con el apoyo de la nobleza inglesa y normanda, mientras que Arturo tenía con el apoyo del rey francés Felipe II. El conflicto duró hasta 1204, cuando Juan perdió el Ducado de Normandía ante el rey Felipe II de Francia. Esta derrota hizo que varios cronistas llamaran a Juan el Espada Suave, en contraste con su agresivo hermano Ricardo, siempre preparado para la batalla. Juan trató de retomar Normandía durante todo su reinado. Para pagar al ejército y contratar mercenarios para el esfuerzo, tuvo que recaudar dinero y eso le llevó a la extorsión y la miseria. Durante su reinado, saldó los impuestos once veces. En comparación, los tres monarcas anteriores juntos aumentaron los impuestos un total de once veces. Juan también exigió que se hicieran pagos a la tesorería real cuando se heredaba un castillo o una finca. Se aumentaron las multas y sanciones por delitos, y Juan mantuvo todos los beneficios obtenidos a través del sistema de justicia. También aumentó los impuestos a las viudas que deseaban permanecer solteras y no volver a casarse, aunque este impuesto era invención de Ricardo. Los judíos eran gravados más alto de todos, ya que tenían la protección del propio rey. Juan no solo elevó los impuestos existentes; también se le ocurrieron algunos de los suyos, como los nuevos impuestos sobre los ingresos y los bienes muebles, así como los impuestos sobre la importación y exportación de las mercancías. No conseguimos encontrar tu ubicación exacta. En ese caso, el rey confiscaría fincas, castillos y tierras y las vendía al mejor postor, asegurando su beneficio. Toda esta recolección de dinero no le ayudó a reconquistar Normandía. De hecho, creó tensión entre la Corona y los barones que más tarde se intensificaron en la guerra.

En 1205, Hubert Walter, el arzobispo de Canterbury, murió. Juan quería nombrar a Juan de Gray, obispo de Norwich, como nuevo arzobispo. Sin embargo, el capítulo catedralicio (consejo de clero) de la catedral de Canterbury reivindicó el derecho a nombrar sucesor del arzobispo. Eligieron a Reginald, el sub prior del capítulo, que viajó en secreto a Roma para ser confirmado como arzobispo de Canterbury por el papa Inocencio III. Para complicar aún más el asunto, los obispos de la provincia de Canterbury afirmaron que también tenían derecho a nombrar al arzobispo, y apoyaron la elección del rey de Juan de Gray. Por orden del rey, enviaron un mensaje al papa sobre su decisión. El papa Inocencio III negó su apoyo tanto a Reginald como a Juan de Gray. Tenía a su propio candidato para el puesto, el cardenal Esteban Langton, a quien consagró en 1207. Juan se opuso a la decisión del papa y prohibió a Langton entrar en Inglaterra. Además, confiscó todas las tierras arzobispales y otras posesiones papales en Inglaterra. A cambio, el papa Inocencio III puso un interdicto en Inglaterra en 1208. Se prohibió estrictamente al clero realizar cualquier servicio religioso, excepto el bautismo para los jóvenes y las absoluciones para los moribundos.

Juan consideraba que el interdicto era igual a una declaración de guerra. Se apoderó de las posesiones de cualquier clero que obedeciera el interdicto del papa al negarse a mantener los servicios y prometió protección para aquellos que se pusieran de su lado.

Inocencio III amenazó con excomulgar a Juan si no reconocía a Langton como arzobispo y cumplió con esta amenaza en 1209, cuando Juan se mostró demasiado con su lucha. Pero a Juan no le importaba mucho la excomunión. Continuó tomando propiedades del clero y se benefició de ellas. Los cronistas señalan que Juan se apropió del catorce por ciento de los ingresos totales de la Iglesia sobre una base anual. La tensión entre Juan y el papa Inocencio III continuó e incluso se intensificó hasta el punto de que Juan se vio obligado a aceptar las negociaciones. Juan accedió a prestar un servicio feudal al papado y compensar los ingresos que la Iglesia había perdido durante la crisis. A cambio, el papa Inocencio III se convirtió en partidario de Juan hasta el final de su reinado, tanto en asuntos internos como extranjeros. Juan nunca pagó completamente su deuda con la Iglesia, y basándose en la falta de enjuiciamiento, parece que el papa también se olvidó de la deuda.

Los barones de los territorios del norte de Inglaterra tenían poco que ver con los esfuerzos de Juan para recuperar Normandía, pero estaban en deuda con el rey, ya que no eran capaces de pagar los impuestos que se les impusieron. Los barones del norte, enojados, organizaron una revuelta descrita como "rebelión de los deudores del rey". Incluso la casa militar de Juan se unió a los rebeldes, ya que su lealtad estaba con sus lazos de parentesco, no con Juan. El fracaso de Juan en Francia fue probablemente la gota que llevó al conflicto armado durante los últimos años de reinado de Juan.

En 1215, Juan reunió un consejo para discutir las reformas y el patrocinio de las negociaciones con los barones rebeldes. Mientras tanto, reunió un ejército e incluso contrató a mercenarios para prepararse para el levantamiento. Para asegurarse, declaró que se uniría a la cruzada, obteniendo así cierta protección de la Iglesia. Los rebeldes nombraron a Roberto FitzWalter como su líder militar y renunciaron a sus deudas y lazos feudales con el rey. Los rebeldes se llamaron a sí mismos el "Ejército de Dios" y marcharon sobre Londres, tomando Lincoln y Exeter en su camino. Una vez que los rebeldes conquistaron Londres, el ejército de Juan sufrió una ola de desertores que se unieron a los barones. Las conversaciones de paz se llevaron a cabo cerca del castillo de Windsor el 15 de junio de 1215. El arzobispo Langton fue el mediador de las conversaciones, y creó una carta que capturó el acuerdo propuesto. Esta carta más tarde se llamaría la Carta Magna. La carta no se refería solo al levantamiento actual de los barones. Fue más allá y propuso reformas políticas fundamentales que incluían los derechos de los hombres libres, pero no los de sirvientes y esclavos. La Carta Magna prometió justicia rápida, limitación de impuestos, derechos eclesiásticos y protección contra el encarcelamiento ilegal, entre otros puntos. Se creó un consejo de veinticinco barones para supervisar el compromiso de Juan con la Carta. Después de las negociaciones, se suponía que el ejército rebelde entregaría Londres al rey. Sin embargo, los barones no creían que Juan aceptaría su consejo y se negaron a renunciar a Londres. Juan pidió apoyo al papa, e Inocencio III se vio obligado, declarando que la carta es vergonzosa, degradante, ilegal e injusta. Procedió a excomulgar a los barones rebeldes. El fracaso de las negociaciones culminó en la primera' guerra de los barones.

Los rebeldes fueron los primeros en atacar, y se apoderaron del castillo de Rochester, que era posesión de Langton. El castillo tenía una posición estratégica importante. Sin embargo, no ayudó mucho a los rebeldes. Juan estaba bien preparado para la guerra ya que había acumulado suficiente dinero para contratar mercenarios para una invasión planeada de Francia. El rey poseía una red de castillos que aislaban a los rebeldes del norte de los rebeldes del sur, por lo que no podían unir fuerzas. Al mismo tiempo, en Gales, Llywelyn el Grande lideró un levantamiento, pero Juan optó por ignorarlo por el momento. Al comienzo de la campaña contra los rebeldes, Juan tuvo éxito. Logró retomar el castillo de Rochester, y con un ejército dividido, recuperó Anglia Oriental, el norte de Londres y las fincas de los barones del norte. Alejandro II de Escocia se alió con los rebeldes, ya que reclamó el derecho a los territorios del norte de Inglaterra. En 1216, Juan recuperó esos territorios de Alexander e incluso empujó más hacia el norte, hacia Edimburgo. La respuesta que los rebeldes prepararon fue invitar al príncipe francés Luis a venir a Inglaterra y convertirse en su líder. Luis estaba casado con la nieta de Enrique II, y tenía derecho a reclamar el trono inglés a través de este matrimonio. El rey Felipe se negó a apoyar a su hijo en este esfuerzo, pero pudo haberle proporcionado un ejército privado. Louis aterrizó en Kent, sin oposición, en mayo de 1216. Juan planeó defender las costas inglesas de la próxima invasión, pero su gran flota se dispersó por las fuertes tormentas. Debido a su ataque abierto a suelo inglés, Luis fue excomulgado por el papa Inocencio III. Juan se vio obligado a retirarse y reorganizar su ejército. Luis aprovechó la oportunidad y se presentó en el sureste de Inglaterra y partes del norte. Al ver el avance de los rebeldes, algunos de los hogares militares de Juan desertaron una vez más, incluyendo a su medio hermano Guillermo Longespée.

Durante la primera guerra de los barones, Juan contrajo disentería, pero continuó luchando. La suerte no estaba de su lado, y comenzó a perder batallas a medida que su salud se deterioraba. Juan murió la noche del 18 al 19 de octubre de 1216. Fue enterrado en la catedral de Worcester, su cuerpo acompañado por mercenarios.

La guerra civil continuó hasta que el ejército real obtuvo una victoria en la batalla de Lincoln en 1217. Luis renunció a su reclamación al trono inglés en favor de Enrique III, de nueve años, el hijo de Juan. El acuerdo de la Carta Magna fue finalmente instalado y se convirtió en una base para el futuro gobierno.

# Capítulo 10 – Baja Edad Media y la Peste Negra

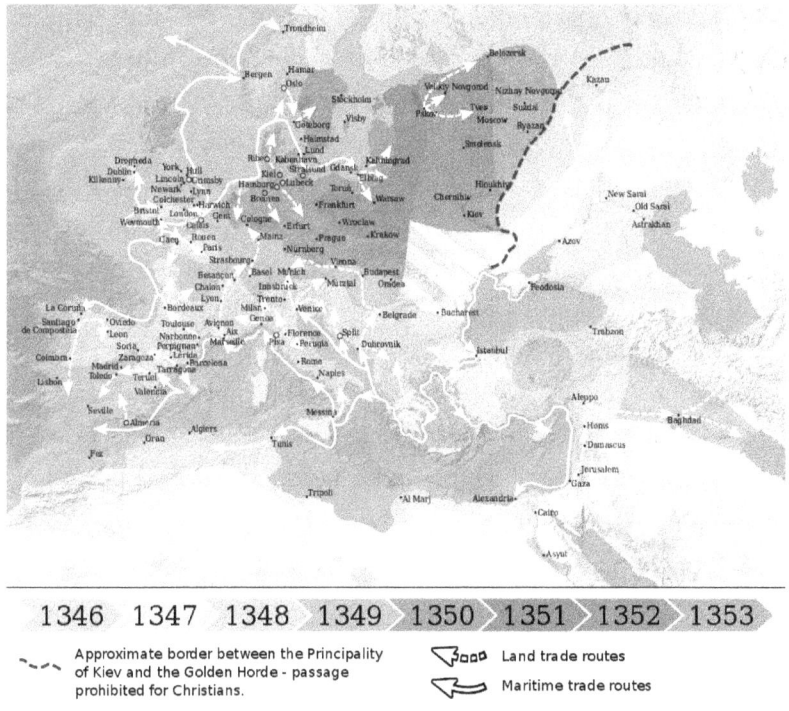

*Representación de la propagación de la peste negra*

https://en.wikipedia.org/wiki/Black_Death#/media/File:
1346-1353_spread_of_the_Black_Death_in_Europe_map.svg

La sucesión de Enrique III, hijo de Juan de Inglaterra, marca el comienzo de la Baja Edad Media, que duró hasta el comienzo de la dinastía Tudor en 1485. En la historia de Inglaterra, este es también el período que marca el final del período medieval y el comienzo del Renacimiento.

Enrique III tenía solo nueve años cuando fue coronado en 1216 durante la primera guerra de los barones. Guillermo Marshal, primer conde de Pembroke, fue elegido por el consejo real para ser el protector y regente de Enrique del reino. Era leal a la corona, ya que había servido a cuatro reyes anteriores. A pesar de que era de edad avanzada, se convirtió en el líder de los ejércitos reales en la guerra de los barones y terminó con las batallas de Lincoln y Sandwich en 1217.

Enrique III prometió que adaptaría su gobierno a la Carta Magna, que restringía en gran medida la autoridad real. Pasó gran parte de su reinado tratando de restaurar esa autoridad. Sin embargo, solo en 1220, con la ayuda del papado, comenzó a reforzar su poder. Luego fue coronado por segunda vez, con nueva regalía, para confirmar su autoridad como rey. Los barones prometieron devolver tierras y castillos que habían tomado durante la guerra civil e inclinarse ante el rey porque estaban amenazados de excomunión. En 1227, Enrique fue considerado lo suficientemente mayor como para asumir el control formal sobre su reino. Cuando Guillermo Marshal murió en 1219, Enrique estaba bajo la protección del consejo real. Hubert de Burgh se convirtió en su asesor más cercano. Para agradecerle por el servicio, Enrique lo nombró conde de Kent y le dio un puesto como justiciar del gobierno por el resto de su vida.

El poder político de Hubert de Burgh comenzó a declinar en 1231, cuando su oponente Peter des Roches le acusó de desperdiciar dinero real y tierras. Enrique III arrestó a Hubert y lo encerró en la Torre de Londres. Peter se hizo cargo del gobierno de Enrique y comenzó a apoderarse de la tierra de sus oponentes, ignorando por completo el proceso legal. Los barones poderosos comenzaron a quejarse de las acciones de Peter, y empezó una nueva guerra civil en la que Ricardo, el hijo de Guillermo Marshal, lideraba la oposición. Los combates comenzaron en Irlanda y Gales del Sur, donde Ricardo tenía algunas tierras. Incluso ofreció su apoyo al príncipe galés Llywelyn, quien dirigió su propia rebelión contra Inglaterra. En 1234, el arzobispo de Canterbury intervino y medió en las negociaciones. La paz se logró, aunque, mientras tanto, Ricardo murió de las heridas recibidas en la batalla.

Durante el gobierno de Enrique III, la palabra parlamento fue utilizada por primera vez, y significó una reunión de la corte real, que tenía el poder de decisión sobre el asunto de los impuestos. Enrique gobernó de acuerdo con la Carta, lo que significaba que su poder era limitado, y su gobierno era constitucional. También fue muy dedicado a la Iglesia, con demostraciones de piedad durante los eventos públicos. Invirtió fuertemente en causas religiosas y caridad. Tuvo apoyo papal durante todo su reinado, y debido a ello, a menudo defendía ansiosamente a la Iglesia.

En 1258, Enrique III se enfrentó a una revuelta de barones ingleses. Estaban enfadados por la forma en que los funcionarios reales recaudaban dinero, la influencia de la casa francesa de Lusignan en la corte, la impopular política extranjera del rey y el abuso de préstamos judíos comprados por la realeza. Incluso la esposa de Enrique, la reina Leonor, apoyó en secreto a los barones rebeldes. Temiendo que fuera arrestado por los barones, Enrique aceptó sus términos de renunciar a su gobierno personal y gobernar a través de un consejo, que estaría compuesto por barones y clérigos. La única demanda que tenía era poder elegir a la mitad de la gente que representaría al consejo. Enrique decidió elegir a la mayoría de sus concejales de la odiada casa de Lusignan, que solo produjo el descontento entre los barones. La estabilidad de Inglaterra sufrió cuando el poder giraba de un lado a otro entre el rey y los barones. Mientras apoyaba públicamente las Disposiciones de Oxford, un acuerdo con los barones que reducía aún más la autoridad real, Enrique le pidió al Papa Urbano IV que lo absolviera del juramento. En 1261, Enrique anunció que el papa lo había liberado de las promesas que había hecho en las Disposiciones de Oxford. Luego trató de retomar todo el poder sobre el reino. Contó con el apoyo de su hijo y heredero, el príncipe Eduardo. Otra guerra civil estalló en 1264, recordada como la segunda guerra de los barones. Las fuerzas de los barones rebeldes fueron dirigidas por Simón de Montfort, mientras que los ejércitos reales fueron dirigidos inicialmente por Enrique III. Sin embargo, dio control total al príncipe Eduardo durante las etapas finales de la guerra. Eduardo demostró estar a la altura de la tarea y ganó una victoria en la batalla de Evesham, que acabó con la muerte de Simón de Montfort. La rebelión, ahora sin líder, continuó durante casi dos años más antes de que el último de los rebeldes fuera capturado en la isla de Ely en 1267.

## El fin de la casa de Plantagenet

A la muerte del rey Enrique III, su hijo mayor Eduardo tomó la corona. Eduardo pasó gran parte de su reinado reconstruyendo la administración real y el derecho común que regulaba las leyes penales y de propiedad. En años posteriores de su gobierno, Eduardo respondió a una rebelión en Gales (1282), que se intensificó convirtiéndose en una guerra total de conquista. Fue victorioso y logró someter a Gales bajo el dominio inglés y habitar una serie de castillos en Gales con los ingleses. Después de Gales, centró su atención en Escocia, donde fue invitado a resolver una disputa de sucesión. En su lugar, reclamó el control feudal sobre Escocia e inició una guerra que continuaría mucho después de su muerte.

Durante el gobierno del rey Eduardo I, los judíos fueron expulsados del reino. A los cristianos se les prohibió proporcionar préstamos con intereses, por lo que los judíos eran los únicos que practicaban el negocio. Según la ley, el rey tenía el derecho de cobrar un impuesto de los judíos que prestaban dinero, y si deseaba aumentar el impuesto, no necesitaba la aprobación del parlamento. En 1275, Eduardo emitió el Estatuto de los Judíos en respuesta a un creciente movimiento antisemita en Inglaterra. Bajo esta ley, toda usura estaba prohibida, y a los judíos se les dio quince años para comprar tierras o ejercer otras profesiones. Sin embargo, los ingleses mostraron prejuicios hacia los judíos y no los vendían tierras ni los aceptaban como estudiantes de artesanías especializadas. El odio hacia los judíos creció, y el rey Eduardo emitió el Edicto de Expulsión en 1290, que fue ampliamente aceptado y rápidamente implementado.

En el otoño de 1290, Escocia perdió a su heredera al trono, la princesa Margarita, debido a una enfermedad. Sin heredero aparente, surgió una crisis, conocida en la historia como la "Gran Causa". Se invitó a Eduardo para resolver la disputa, pero insistió en que Escocia lo reconociera como un señor feudal. A los escoceses no les gustó lo que Eduardo proponía y en su lugar formaron una alianza con Francia. En respuesta, Eduardo invadió Escocia en 1296 e instaló un gobierno inglés. Sin embargo, el triunfo de Eduardo fue temporal: en 1297, una nueva resistencia surgió bajo el liderazgo de Andrés de Moray y Guillermo Wallace. El levantamiento en Escocia fue tratado como una rebelión de súbditos de la corona inglesa, no como una guerra entre dos naciones. El rey Eduardo fue extremadamente brutal al castigar a las familias de los nobles escoceses y los líderes de la rebelión. Eduardo murió de disentería en 1307, dejando la cuestión escocesa sin resolver.

Eduardo I fue sucedido por su cuarto hijo, Eduardo II, quien gobernó el reino de Inglaterra desde 1307 hasta que ser depuesto en 1327. Para aliviar las tensiones entre Inglaterra y Francia, Eduardo II se casó con Isabel, la hija del rey Felipe IV de Francia. También tuvo una relación controvertida con Piers Gaveston, primer conde de Cornualles. Sigue siendo desconocido en la historia si eran amantes, hermanos jurados o simplemente amigos. Es esta relación la que causaría tensión entre el rey y la aristocracia, así como con Francia, ya que Gaveston reunió cada vez más poder e influencia sobre el rey. Eduardo se vio obligado a exiliar a Gaveston en más de una ocasión, pero siguió recordándolo y restableciéndolo al poder. Tras uno de los regresos de Gaveston a Inglaterra, los barones obligaron a Eduardo II a acordar reformas llamadas las Ordenanzas de 1311, que restringían significativamente los poderes reales. Los barones, cuando tuvieron el poder, desterraron Gaveston. Esto enfureció al rey, que revocó las reformas y una vez más trajo a su amigo de vuelta a Inglaterra. En 1312, un grupo de barones dirigidos por el conde de Lancaster capturaron Gaveston y lo asesinaron, lo que causó un conflicto armado con el rey. Las fuerzas de Eduardo tuvieron que regresar a Escocia, donde Roberto Bruce, rey de Escocia, derrotó a Eduardo en la batalla de Bannockburn en 1314. Después de ser derrotado por los escoceses, Eduardo se vio obligado a reinstalar las Ordenanzas de

1311. En ese momento, un fenómeno amplio conocido como la gran hambruna, en el que la agricultura no pudo alimentar a la población del reino debido a la inestabilidad climática, se extendió al territorio de Inglaterra desde el norte de Europa.

Eduardo II fue directamente culpado por la hambruna, y fuertes críticas a su gobierno culminaron con una guerra civil en 1321. Esta guerra civil fue conocida como la guerra Despenser, llamada así por la familia Despenser, que se hizo extremadamente cercana al rey y comenzó a acumular poder. También hubo oposición del conde de Lancaster, que contó con el apoyo de otros barones. Después de muchas batallas, el conde de Lancaster fue capturado en Boroughbridge y llevado al castillo de Pontefract, donde se llevó acabo un breve juicio. Fue encontrado culpable y ejecutado.

El matrimonio de Eduardo II comenzó a deteriorarse debido a su amistad con los Despensers. Asesorado por Hugh Despenser el Joven, Eduardo se apoderó de las tierras de los barones que tenían propiedades en Escocia, entre ellos los Beaumonts, amigos cercanos de su esposa. Isabella también culpó a Hugh por el arresto de su casa cuando sus hijos fueron llevados y puestos al cuidado de la esposa de Hugh. Cuando fue enviada a Francia para negociar con su hermano, el rey Carlos, se negó a regresar a Inglaterra. Ella se había involucrado en una relación con el señor exiliado, Roger Mortimer, y unieron fuerzas para expulsar a Eduardo y los Despensers del trono inglés. Poco después, Isabella se unió a su hijo, el príncipe Eduardo. La alianza planeó cuidadosamente una invasión de Inglaterra.

En septiembre de 1326, Roger Mortimer, la reina Isabel, el príncipe Eduardo y el medio hermano del rey, Edmund de Woodstock, desembarcaron en Orwell, donde no encontraron resistencia. Se les unieron los enemigos de los Despenser: el segundo medio hermano de Eduardo, Tomás de Brotherton, Enrique de Lancaster, y una serie de otros barones y clérigos. Durante la invasión, la autoridad de Eduardo II sobre el Reino de Inglaterra se derrumbó, e Isabella tomó el control de la administración con el apoyo de la iglesia. Hugh Despenser fue ejecutado, pero la posición del rey resultó ser problemática, ya que todavía estaba casado con Isabella. El procedimiento para retirar a un rey no existía en Inglaterra hasta ese momento. Fue el parlamento decidir el futuro destino del rey impotente, y decidieron quitarlo y reemplazarlo con su hijo, Eduardo III. El rey abdicó en favor de su hijo el 21 de enero de 1327.

Eduardo III fue coronado en febrero de 1327 y gobernó hasta su muerte en 1377. Es recordado como un gran estratega militar y por restaurar la autoridad real que su padre había perdido durante su desastroso gobierno. Su reinado fue largo; gobernó durante cincuenta años y fue testigo de la peste negra y la evolución del Parlamento Inglés. También comenzó una guerra con Francia, conocida como la guerra de los Cien Años, proclamándose el legítimo heredero del trono francés en 1337. Debido a su inactividad en la política, los últimos años de su reinado son recordados por el fracaso en las relaciones internacionales, así como por los conflictos internos.

### La Peste Negra: la mayor catástrofe

*Representación medieval de un médico de la peste*

https://es.wikipedia.org/wiki/Black_Death/media/
File:Paul_F%C3%BCrst,_Der_Doctor_Schnabel_von_Rom_(coloured_version).pn
g

La peste negra fue una pandemia de una plaga que afectó a la mayor parte de Eurasia. Devastó Europa y Oriente Medio desde 1346 hasta 1353. Fue la pandemia más devastadora de la historia, ya que se estima que se cobró la vida de entre setenta y cinco millones de personas a 200 millones de personas. La población de Europa tardó 200 años en recuperar su población. La causa de la plaga fue una bacteria conocida como *Yersinia pestis*, transportada por las pulgas de rata que habitaban los barcos comerciales. La bacteria puede causar varios tipos de plagas, pero fue la peste bubónica la que tuvo la manifestación más grave en toda Inglaterra. Investigaciones más recientes demuestran que, en ese momento, esta cepa de la bacteria había evolucionado recientemente. Debido a esto, los seres humanos no habían desarrollado inmunidad contra ella, lo que explica su fácil contagio y virulencia, así como sus altas tasas de mortalidad.

Los orígenes de la muerte negra se encontraban en Asia Central, donde la bacteria *Yersinia pestis* era endémica. Se cree que, debido al cambio climático y la sequía en Asia, los roedores comenzaron a huir de los pastizales secos y a habitar ciudades altamente pobladas, donde la enfermedad podría haberse propagado entre los seres humanos. No se sabe si la plaga viajó a Europa con ejércitos y comerciantes mongoles a través de la Ruta de la Seda, o si fue traída por barcos.

El síntoma más común de la peste bubónica era la aparición de bubones principalmente en la zona de la ingle, debajo de los brazos y en el cuello. Los bubones, causados por la inflamación de los ganglios linfáticos, se hinchan y rezuman pus y sangre si se abren. La fiebre y los vómitos también eran síntomas comunes de peste bubónica, así como manchas negras sobre el cuerpo, y erupciones cutáneas. La muerte se producía de dos a siete días después de la infección inicial.

Aunque el nombre "peste negra" fue acuñado por el astrónomo belga Simón de Covino en 1350, el término no fue ampliamente utilizado antes de que un historiador danés del siglo XVII utilizara la frase. Los cronistas contemporáneos la llamaban la "gran plaga" o la "gran pestilencia". La peste negra llegó a Inglaterra en 1348, y su primera víctima conocida fue un marinero que llegó a Dorset desde la provincia inglesa de Gascuña. La enfermedad tardó solo un año en propagarse por todo el reino. Las nuevas estimaciones, que son ampliamente aceptadas, arrojan la cifra de una tasa de mortalidad del cuarenta al sesenta por ciento solo en Inglaterra.

Justo antes de la peste negra, el reino de Inglaterra se estaba convirtiendo en una gran potencia militar de Europa debido a la política del rey Eduardo III. En 1346, Inglaterra ganó la batalla de la Cruz de Neville con los escoceses, e incluso parecía que Eduardo iba a cumplir el deseo de su padre e implementaría la soberanía inglesa sobre Escocia. En el mismo año, el rey inglés salió victorioso contra los ejércitos reales franceses en la batalla de Crécy, donde Eduardo dirigió su ejército numéricamente inferior. La gran hambruna de 1315-17 ya había reducido la población inglesa, pero no se sabe cuántas personas habitaban Inglaterra justo antes de que ocurriera la muerte negra. El noventa por ciento del reino era de aldeas agrícolas y habitadas, pero Londres tenía alrededor de 70.000 habitantes, seguido de Norwich con 12.000 personas. La estimación de hoy es que la peste negra se llevó la vida de tres a siete millones de personas en Inglaterra.

Los historiadores coinciden en que la primera aparición de la plaga fue en Dorset, pero muchas fuentes que datan del mismo período mencionan Southampton o Bristol como el lugar de origen. Es posible que la plaga llegara a esos lugares de forma independiente. Desde Dorset, la enfermedad se propagó rápidamente por las partes sudoeste del reino. Bristol fue la primera ciudad afectada por la enfermedad, y alcanzó Londres en otoño de 1348. El campo fue el último en sufrir, pero no eludió la pandemia. Hay tres rutas posibles por las que la plaga viajó a Londres: por tierra desde Dorset a través de Winchester, por tierra desde Gloucester, o a lo largo de la costa en barco. En las grandes ciudades superpobladas con calles estrechas y mala ventilación de las casas, las condiciones eran casi perfectas para la expansión de la plaga. La peste negra se extendió hacia el norte durante la primera mitad de 1349. La plaga llegó en barco al estuario del Humber y comenzó a extenderse tanto al norte como al sur; el norte fue devastado durante los meses de verano.

La plaga se propaga durante el clima cálido, ya que las bacterias *Yersinia pestis* no pueden sobrevivir a temperaturas por debajo de cuarenta y dos grados Fahrenheit (seis grados centígrados). En diciembre de 1349, la plaga comenzó a morir en Inglaterra, y la vida volvió lentamente a la normalidad.

La peste bubónica todavía está presente en algunas zonas del mundo, y si se diagnostica a tiempo, es tratable con la ayuda de antibióticos. Sin embargo, durante la Edad Media, no se conocían los antibióticos, y aquellos que practicaban la medicina utilizaron algunos de los enfoques más violentos para tratar la enfermedad: vómitos forzados, sudoración y sangría. La sangría fue extremadamente popular en las primeras etapas de la enfermedad, mientras que la hinchazón de los ganglios linfáticos fue leve. Incluía abrir una vena en el tobillo o la muñeca en el mismo lado del cuerpo donde apareció la hinchazón. La sudoración estaba reservada para las últimas etapas de la enfermedad, y era inducida por agua bezoar, rizoma serpentario (raíz de serpiente), o remedios similares. El concepto detrás de este tratamiento era purgar la corrupción de la enfermedad a través de la sudoración violenta del paciente, que también estaría envuelto en una manta húmeda.

# Capítulo 11 – La Guerra de los Cien Años

*Las grandes batallas de la guerra de los Cien Años, comenzando desde la parte superior izquierda: La Rochelle, Agincourt, Patay, Orleans.*
*https://en.wikipedia.org/wiki/Hundred_Years%27_War#/media/File:Hundred_years_war_collage.jpg*

En 1337 se produjeron una serie de conflictos entre Inglaterra y Francia, famosamente conocidos como la guerra de los Cien Años, de hecho, duró 116 años, hasta el 1453. Los gobernantes de la casa de Plantagenet de Inglaterra estaban luchando contra la casa real francesa de Valois por el derecho a gobernar Francia. Francia e Inglaterra habían estado constantemente bajo tensas relaciones desde que los normandos invadieron Inglaterra y comenzaron a gobernarla. Los normandos eran de origen francés, y aunque ganaron nuevos títulos en suelo inglés, mantuvieron sus antiguos territorios franceses. Eran reyes de Inglaterra, así como duques de Normandía y más tarde de Anjou, Bretaña, Gascony, etc. La realeza francesa siempre trató de disminuir el poder de los reyes ingleses en sus territorios, y Normandía era un premio atractivo. Cada vez que Inglaterra estaba en guerra o bajo disturbios civiles, los reyes franceses aprovechaban la oportunidad de invadir las posesiones inglesas en Francia. A principios del siglo XIV, solo Gascony permanecía como propiedad inglesa. La casa real inglesa constantemente trató de recuperar esos territorios, especialmente Normandía y Anjou, pero en vano, hasta que el rey Eduardo III de Inglaterra comenzó la guerra de los Cien Años.

En 1316, Francia negó a las mujeres cualquier derecho sucesorio. Por lo tanto, cuando Carlos IV de Francia murió en 1328, sin dejar hijos o hermanos como herederos, Francia experimentó una crisis de sucesión. El pariente masculino más cercano del rey fallecido era Eduardo III de Inglaterra, hijo de la hermana de Carlos, Isabella. Isabella trató de reclamar el derecho al trono francés para su hijo. Sin embargo, Francia la rechazó, citando la ley que dictaba que no tenía derechos de sucesión y, por lo tanto, no podía transmitirlos a su hijo. Finalmente, la aristocracia francesa se estableció y eligió a un primo de Carlos por línea paterna, Felipe VI, como rey de Francia. Fue el primer rey de la recién establecida casa de Valois. Los ingleses parecían satisfechos con la elección y no presionaron con el asunto de su derecho a la sucesión. Sin embargo, los desacuerdos políticos posteriores entre Felipe VI y Eduardo III llevaron a un conflicto en el que el rey inglés reabrió la cuestión de la sucesión y trató de reclamar su derecho a la corona francesa.

Eduardo III asumió formalmente el título de "Rey de Francia y las Armas Reales Francesas" en 1340, y en el mismo año, recibió un homenaje de Guy, el hermano del conde de Flandes. Las ciudades de Gante, Ypres y Brujas reconocieron a Eduardo como rey de Francia. Ganó alianzas con Holanda, Bélgica y Flandes, todas las cuales apoyaron su reclamación al trono francés y lo consideraron el verdadero rey de Francia. El rey inglés estaba listo para una invasión de Francia.

En el verano de 1340, la flota inglesa estaba lista para zarpar, y desembarcaron en la costa francesa el 22 de junio. Sin embargo, la flota francesa estaba lista y esperando en el puerto de Sluys. Los ingleses salieron victoriosos en la primera batalla naval y mantuvieron el dominio sobre el canal de la Mancha durante todo el curso de la guerra, evitando una posible invasión del reino inglés. La guerra habría terminado aquí, ya que los fondos de Eduardo se agotaron, pero el duque de Bretaña murió repentinamente, y comenzó otra crisis de sucesión. Había dos posibles herederos del duque de Bretaña: el medio hermano del duque fallecido, Juan de Montfort, y Carlos de Blois, que se había casado en la casa del antiguo duque. El rey francés Felipe VI dio su apoyo a Carlos, que también era sobrino del rey. Juan de Montfort contuvo el apoyo del rey inglés Eduardo III. La guerra de Sucesión bretona comenzó y duraría hasta 1365.

La guerra entre Francia e Inglaterra se detuvo durante la peste negra en 1348, pero se reanudó en 1355. Inglaterra se recuperó financieramente y lanzó otro ataque contra Francia. El ataque fue dirigido por el hijo de Eduardo III, Eduardo el príncipe de Gales, que sería conocido como el Príncipe Negro debido a su armadura negra. El príncipe tuvo una serie de victorias, pero no pudo conquistar Bourges. Francia tenía un nuevo rey, Juan II, también conocido como Juan el Bueno, y los dos negociaron brevemente. Sin embargo, no se logró ninguna tregua. Los combates continuaron, y, en 1356, el rey Juan II fue capturado y tomado como rehén, junto con su hijo Luis de Anjou, otros nobles y ciudadanos de París, y representantes de diecinueve ciudades principales de Francia. Su hijo, Carlos V, asumió inmediatamente el papel de regente, y el primer tratado de paz entre Inglaterra y Francia, el Tratado de Brétigny, marcó el final de la primera fase de la guerra de los Cien Años en 1360.

Inglaterra pidió un rescate de tres millones de coronas y liberó al rey Juan II, cuya tarea era recoger el dinero. Mientras tanto, el príncipe francés, Luis de Anjou logró escapar, y el rey Juan II se sintió obligado a regresar al cautiverio. Sus motivos para volver al cautiverio también podrían haber sido una falta de voluntad para intensificar aún más el conflicto. Juan II murió en cautiverio en Inglaterra y fue sucedido por su hijo, Carlos V, en 1364.

La segunda fase de la guerra de los Cien Años se conoce como la guerra de las Carolinas. Una vez más, comenzó a través de una disputa de sucesión, esta vez en el reino de Castilla. El rey francés Carlos V logró deponer a Pedro el Cruel del trono de Castilla en venganza por envenenar a su cuñada, aunque las razones políticas no deben ser ignoradas. Carlos apoyó a Enrique de Trastámara, quien se convirtió en gobernante de Castilla después de Pedro el Cruel y acordó una alianza con Francia. Esta alianza proporcionó al rey francés el apoyo naval que necesitaba para lanzar una invasión en Inglaterra. En la batalla de La Rochelle en 1372, la flota castellana derrotó a los ingleses. El contrataque inglés, liderado por Juan de Montfort, duque de Bretaña, fue inicialmente exitoso. Mientras progresaba más por el sur de Francia, los ingleses se encontraron con cada vez más resistencia. Carlos V ordenó a las fuerzas francesas evitar la batalla abierta con las fuerzas inglesas. Sin embargo, los franceses continuaron rodeando al ejército inglés rodeándolos, y en octubre de 1373, los ingleses estaban completamente atrapados contra el río Allier, ya que las fuerzas francesas los tenían controlados por los cuatro lados. Los ingleses tuvieron suerte y lograron cruzar el río; sin embargo, perdieron todos sus suministros y caballos. Soldados ingleses estaban cayendo enfermos y hambrientos, pero en diciembre finalmente llegaron a territorio amistoso en Gascuña. Su marcha por toda Francia, aunque fue un magnífico logro, fue un completo fracaso militar.

En Inglaterra, tanto el Príncipe Negro como su padre, el rey Eduardo III, estaban enfermos. El Príncipe Negro murió en 1376, el rey Eduardo III un año más tarde. El trono inglés fue sucedido por Ricardo II, hijo del Príncipe Negro. Sin embargo, todavía era un niño de diez años. Para evitar que el tío de Ricardo, Juan de Gaunt, usurpara el trono, el parlamento inglés decidió que Ricardo II no gobernaría con un regente, sino con la ayuda de una serie de consejos. Ricardo fue un rey impopular, ya que trató de aumentar los impuestos para pagar el conflicto con los escoceses y por la revuelta campesina que ocurrió en 1381.

En 1380, Francia también perdió a su rey, que fue sucedido por su hijo Carlos VI, a la edad de once años. Gobernó con la ayuda de sus tíos regentes, que continuaron la guerra con Inglaterra. Los impuestos se recaudarían por toda Francia para financiar la guerra; sin embargo, los ciudadanos no estaban dispuestos a pagarles. En 1382, Carlos VI también se enfrentó a revueltas de los ciudadanos. La guerra se desaceleró, ya que ambos reinos tuvieron que lidiar con sus asuntos internos. Los reinos continuaron luchando a través de guerras de poder, principalmente durante el interregno portugués de 1383-1385, durante el cual Portugal no tuvo gobernante.

A diferencia de la nobleza inglesa, Ricardo II mostró desinterés por continuar la guerra con Francia. Los señores que querían continuar la guerra hicieron una alianza liderada por el tío de Ricardo, Tomás, de Woodstock. La alianza, conocida con el nombre de Lords Appellant (Señores Apaleadores), obtuvo el control del consejo real en 1388. Sin embargo, la alianza no tuvo éxito en reavivar la guerra debido a la falta de fondos. En otoño del mismo año, el consejo decidió iniciar negociaciones con los franceses, y el resultado fue una tregua de tres años en Leulinghem. Durante los años siguientes, Ricardo II reafirmó su autoridad en Inglaterra y exilió al hijo de uno de sus tíos, Enrique de Bolingbroke. Pero en el mismo año, Enrique regresó a Inglaterra y reunió a partidarios que le ayudaron a deponer a Ricardo y coronarse a sí mismo como Enrique IV, rey de Inglaterra.

Durante los tres años de paz, Enrique IV se concentró en resolver los problemas con los escoceses, que continuaron atacando las fronteras septentrionales de Inglaterra. Después de la batalla de Homildon Hill, donde los escoceses fueron derrotados, y surgió un conflicto entre el rey y el primer conde de Northumberland, Enrique Percy. La lucha por las tierras ganadas en la guerra contra los escoceses fue sangrienta y larga. Acabó con la destrucción completa de la familia Percy en 1408.

En Gales, una nueva rebelión contra la autoridad inglesa surgió bajo el liderazgo del príncipe galés Owain Glyndwr, que fue coronado en 1400. Cinco años más tarde, los galeses se aliaron con Francia, que ya contaba con el apoyo de Castilla. El ejército aliado invadió territorios ingleses y avanzó hasta Worcester, la flota castellana asaltando y quemando desde Cornualles hasta Southampton. Sin embargo, la rebelión fue derribada en 1415. El resultado fue la semi independencia galesa que duró unos años.

Durante este período, Francia se enfrentó a una guerra civil. El rey Carlos VI llegó a la locura, y la larga lucha por la regencia entre sus tíos y su hermano se intensificó en un conflicto de guerra. El conflicto se resolvió en 1418 cuando los borgoñeses se hicieron cargo de París, y Juan el Intrépido se hizo cargo de la regencia.

Al no tener ningún marco para una guerra abierta, Inglaterra y Francia continuaron luchando, formando y contratando piratas. Los piratas ingleses operaban principalmente en el canal de la Mancha, mientras que los piratas franceses, bajo la protección de sus aliados, los escoceses, asaltaron las costas inglesas. Debido a las dificultades internas tanto en Francia como en Inglaterra, la guerra abierta se detuvo durante una década.

Enrique IV murió en 1413 y fue sucedido por su hijo mayor, Enrique V, quien gobernó hasta su muerte en 1422. Fue Enrique V quien fue inmortalizado en las obras de Shakespeare, comúnmente conocidas como los "*Henriads*". Todavía es conocido como uno de los reyes guerreros más grandes de Inglaterra. Enrique V fue el segundo rey de la casa de Lancaster, y sus campañas en Francia son conocidas como la guerra lancasteriana, la tercera y última fase de la guerra de los Cien Años.

En 1419, Enrique V hizo una alianza con Felipe el Bueno, hijo de Juan el Intrépido, que se hizo cargo de París. Juntos, obligaron al loco rey francés Carlos VI a firmar el Tratado de Troyes. Por este tratado, Enrique se vio obligado a casarse con la hija de Carlos, Catalina de Valois, lo que le daría la regencia y el derecho a heredar el trono francés. El hijo del rey Carlos VI, Carlos el Delfín, fue desheredado. El Delfín respondió proclamándose regente de su padre y apoderándose de la autoridad real. Continuó desobedeciendo las órdenes de su padre y estableció su propia corte en Bourges. Tanto el rey inglés Enrique V como el rey francés Carlos VI murieron en 1422. Enrique V tuvo un hijo, que se convirtió en el rey Enrique VI de Inglaterra. Según el Tratado de Troyes, Enrique VI tenía derecho a reclamar el trono de Francia. Sin embargo, un rey Enrique bebé (tenía menos de un año en ese momento) no tenía el apoyo del partido político Armagnac de Francia, que era leal a Carlos el Delfín. Así, la guerra continuó. Los cinco años siguientes estuvieron marcados con la victoria inglesa que extendió sus territorios en Francia desde el canal de la Mancha hasta el Loira, y de Bretaña a Borgoña.

Durante la fase lancasteriana de la guerra, Francia encontró un héroe en Juana de Arco, la hija de un granjero. Afirmó haber recibido visiones del Arcángel Miguel, Santa Margarita y Santa Catalina de Alejandría, quien le dio instrucciones para buscar a Carlos VII y apoyarlo, ya que solo entonces expulsaría a los ingleses de Francia y tomaría el trono. Fue enviada a Orleans como parte del ejército de socorro, donde obtuvo el apodo de "La doncella de Orleans". Juana de Arco levantó la moral de las tropas francesas, que lograron derrotar a los ingleses y hacer que levantaran su sitio de la ciudad. Inspirado por Juana y esta victoria, el ejército francés tuvo una racha de victorias. Carlos fue finalmente coronado como rey de Francia en Reims en 1429. Sin embargo, Juana fue capturada el 23 de mayo de 1430, mientras participaba en la batalla en Compiégne. Sus capturadores eran franceses, una facción de nobles de Borgoña que se unieron a los ingleses. El obispo pro inglés Pierre Cauchon la sometió a juicio, principalmente por herejía, pero también se incluyeron otros cargos. Juana fue declarada culpable y ejecutada el 30 de mayo de 1431; fue quemada.

Cuando el duque de Bedford murió en 1435, Borgoña perdió interés en la alianza con Inglaterra. El duque de Borgoña firmó el Tratado de Arras con el rey Carlos VII de Francia. Este tratado restauró París al rey francés y fue una señal del declive del dominio inglés en la guerra de los Cien Años. Los franceses retomaron Rouen en 1449, y las fuerzas inglesas comenzaron a sufrir derrotas en varias batallas. La última batalla de la guerra de los Cien Años fue la batalla de Castillon, librada en 1453, en la que un pequeño ejército anglogascón atacó un campamento del ejército francés, pero no pudo hacer ningún daño. Los pequeños conflictos continuaron a lo largo de los siguientes veinte años, pero los ingleses no tenían recursos para seguir luchando contra la guerra; sin embargo, el Tratado de Picquigny en 1475 puso fin formalmente a la guerra. De vuelta a casa, agitados por las pérdidas financieras durante la guerra con Francia, los terratenientes ingleses comenzaron a quejarse, lo que llevaría a disturbios internos y a la guerra de las Dos Rosas en 1455.

Durante la guerra de los Cien Años, Inglaterra fue privada de todas sus posesiones continentales excepto Calais, una ciudad portuaria en el norte de Francia. La pérdida de la guerra tuvo un profundo efecto en la sociedad inglesa, que comenzó a sentir hostilidad hacia cualquier cosa francesa. En 1362, la lengua inglesa se convirtió en la lengua oficial del reino, lo que significaba que incluso a los reyes y nobles les ofendía el francés.

# Capítulo 12 - La Guerra de las Dos Rosas, en final de una era

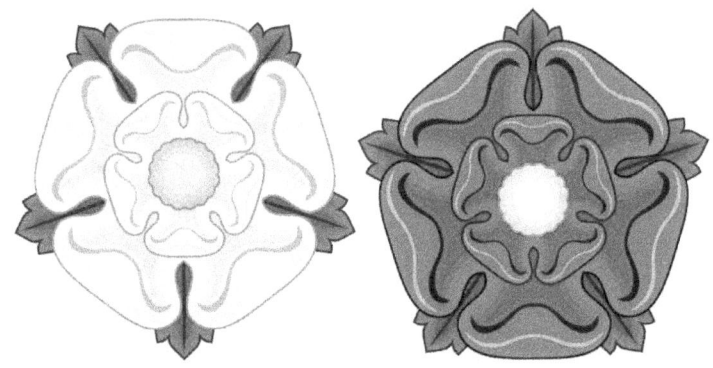

La rosa blanca de la casa de York (izquierda), y la rosa roja
de la casa de Lancaster (derecha)
https://en.wikipedia.org/wiki/Wars_of_the_Roses

La guerra de las Dos Rosas es una serie de guerras civiles en Inglaterra con las que concluyo el período medieval. Dos ramas rivales de la casa de Plantagenet lucharon por el derecho de sucesión, ya que el rey Enrique VI todavía no tenía un heredero con su esposa Margarita de Anjou. Uno era la casa de York, cuyo emblema era una rosa blanca, y el otro era la casa de Lancaster, con el emblema de una rosa roja. Debido a los respectivos emblemas, en el siglo XIX, esta serie de guerras civiles se unieron bajo el nombre de guerras de las Dos Rosas. Tras la victoria de Enrique VII de la casa de Tudor, las rosas se combinaron para simbolizar la unificación de las dos casas, creando así lo que más tarde se conocería como la rosa Tudor.

Al igual que su abuelo, el rey francés Carlos VI, Enrique VI mostró signos de inestabilidad mental. Debido a su salud deteriorada, los nobles ingleses comenzaron a luchar por el poder y la influencia sobre un rey que podía ser fácilmente manipulado. Los nobles feudales contrataron ejércitos privados entre sí, el conflicto era inminente. Sin embargo, en 1453, antes de que el príncipe Eduardo naciera, Enrique había sufrido un colapso mental completo y no respondió al nacimiento de su hijo. El Gran Consejo se reunió rápidamente, y Ricardo de la casa de York se declaró líder. En 1455, Enrique recuperó la compostura y, bajo la influencia de la reina Margarita, desterró a Ricardo de la corte. Margaret se convirtió en la líder de facto de la casa de Lancaster, y reunió una alianza de nobles contra Ricardo de York. A punto de enfrentar acusaciones de traición, Ricardo temía por su seguridad. Reunió un ejército y comenzó un conflicto abierto en 1455.

La primera batalla de las guerras de las Dos Rosas se libró en San Albano el 22 de mayo de 1455, cuando Ricardo dirigió sus fuerzas a Londres, pero fue interceptado por el ejército de Enrique. El resultado de la batalla fue la derrota de la casa de Lancaster y la muerte de los señores aliados de Northumberland y Somerset. El ejército de los York encontró al rey Enrique VI escondido en una tienda de curtidores, completamente abandonado por sus aliados, asesores y sirvientes. El rey estaba indispuesto, teniendo otro colapso mental, y Margaret fue encargada de cuidar de él. Ricardo reanudó su posición de influencia en el Gran Concilio, nombrándose a sí mismo el Señor Protector del reino. Sin embargo, el rey Enrique VI se recuperó en 1456 y una vez más relevó a Ricardo de York del deber de protector. Margaret no estaba satisfecha con esta decisión e instó al rey a revocar los títulos de Ricardo y reducirlo a su posición anterior de teniente en Irlanda. Los combates continuaron. En la batalla de Wakefield (1460), los lancastristas fueron victoriosos, y Ricardo de York fue asesinado durante los combates. Su hijo, Eduardo de March, que tenía 18 años, lo sucedió como conde de York. Eduardo continuó los esfuerzos de su padre y dirigió el ejército de los York en los próximos conflictos con la casa de Lancaster.

El objetivo de Eduardo era muy diferente al de su padre. No quería ser solo Lord Protector del reino y aconsejar a Enrique VI; quería deponer al rey por completo y tomar la corona para sí mismo. Eduardo incluso tuvo el apoyo de la población de Londres. Dirigió a su ejército a Londres, donde fue recibido con bienvenida. Margaret tuvo que huir, refugiándose con Enrique VI en la corte del rey escocés Jaime III. Eduardo fue coronado en junio de 1461 y se convirtió en Eduardo IV, rey de Inglaterra, con el apoyo del pueblo. La reina Margarita no se rindió en el trono y continuó sus esfuerzos como líder de la casa de Lancaster. En la batalla de Tewkesbury en 1471, su hijo el príncipe Eduardo fue asesinado. Sin ningún hijo que heredara el trono, el rey Enrique VI fue asesinado poco después de la muerte de su hijo. Los años restantes del gobierno de Eduardo IV fueron pacíficos. Sin embargo, murió repentinamente en 1483, y la agitación de sucesión siguió una vez más. En ese momento, el hijo de Eduardo tenía solo doce años, y los nobles que se oponían al rey veían al joven príncipe como inadecuado para gobernar. Eduardo había nombrado a su hermano Ricardo como Señor Protector, pero se encontraba muy alejado al norte cuando el rey murió. Para ir a Londres, necesitaba reunir un ejército, ya que era consciente de que la oposición aprovecharía la oportunidad para derrocarlo. También proclamó ilegítimo el matrimonio de su hermano con la reina Isabel Woodville. Por lo tanto, su heredero, el príncipe Eduardo, no podía ser coronado. Ricardo reclamó el trono por sí mismo y fue coronado Ricardo III.

El duque de Buckingham organizó la oposición al gobierno de Ricardo y comenzó una revuelta en los territorios del sur de

Inglaterra. El duque no dio su apoyo al príncipe Eduardo ni a ninguno de sus hermanos, que fueron asesinados en secreto. En su lugar, estaba apoyando a un Tudor. Esto podría significar que ya sabía de la muerte de los hijos de Eduardo. El reclamo de los Lancaster al trono se hizo a través de los descendientes del medio hermano de Enrique VI, el primer conde de Richmond. El levantamiento de Buckingham fracasó, pero no fue el final de la trama contra Ricardo III. Los partidarios de Buckingham crearon una alianza con Enrique Tudor, que estaba exiliado en Francia en ese momento. En Francia, Enrique recibió apoyo y un ejército, que condujo a Inglaterra, donde algunos de los oficiales de Ricardo se unieron a él o decidieron ser neutrales y no luchar contra el ejército invasor en agosto de 1485. En la batalla de Bosworth, Enrique derrotó a Ricardo III, que murió en la lucha. La batalla de Bosworth fue la última batalla significativa en las guerras de las Dos Rosas, y marcó el final no solo de la lucha por el trono inglés, sino también de la Edad Media en Inglaterra. Enrique fue coronado y se convirtió en el rey Enrique VII el 22 de agosto de 1485. Fue el primer rey de la casa de Tudor y el último rey en ganar su corona en el campo de batalla.

Con el fin de la Edad Media, Inglaterra se embarcó en una nueva era de cambio. El poder pasó de la nobleza feudal a la creciente clase de comerciantes. Bajo los Tudor, el reino se movió hacia una monarquía centralizada y el Renacimiento, que traería grandes líderes y eventos, como Enrique VIII y la reforma de la religión en Inglaterra.

# Referencias

Bates, D. (2018). *Guillermo el Conquistador.* New Haven: Yale University Press.

Cohen, D. (1974). *La Peste Negra, 1347-1351.* Nueva York: Watts.

Hadley, D. M. (2006). *Los vikingos en Inglaterra: asentamiento, sociedad y cultura.* Manchester, Reino Unido: Manchester University Press.

Leyser, H. (2019). *Una breve historia de los anglosajones.* Londres: Bloomsbury Academic.

Routledge. (2017). *Inglaterra medieval: una enciclopedia.*

Platt, C. (2013). *Inglaterra medieval: una historia social y arqueología desde la conquista hasta 1600 Ad.* Londres: Routledge.

Saul, N. (2000). *El Oxford ilustró la historia de la Inglaterra medieval.* Oxford: Oxford University Press.

Vea más libros escritos por Captivating History

www.ingramcontent.com/pod-product-compliance
Lightning Source LLC
LaVergne TN
LVHW011841060526
838200LV00054B/4129